# LES PARVENUS,

OU

## LES AVENTURES

# DE JULIEN DELMOURS,

ÉCRITES PAR LUI-MÊME.

I.

NANCY, IMPRIMERIE D'HÆNER.

# LES PARVENUS,

OU

## LES AVENTURES

# DE JULIEN DELMOURS,

ÉCRITES PAR LUI-MÊME,

PAR M<sup>me</sup> LA COMTESSE DE GENLIS.

---

Il ne faut point mettre un ridicule où il n'y en a point : c'est se gâter le goût, c'est corrompre son jugement et celui des autres. Mais le ridicule qui est quelque part, il faut l'y voir, l'en tirer avec grâce et d'une manière qui plaise et qui instruise.
CARACTÈRES DE LA BRUYÈRE.

La seule expérience est un guide pour moi.
Instruire est son devoir, et peindre est mon emploi.
*Poëme des Trois Règnes de* DELILLE, *chant I.*

---

## QUATRIÈME ÉDITION.

### TOME I.

A PARIS,

Chez LECOINTE ET DUREY, Libraires,
QUAI DES AUGUSTINS, N° 49.

1824.

# PRÉFACE.

Le public, qui m'a toujours dédommagée des injustices que m'a fait éprouver l'esprit de parti, trouvera dans ce roman l'espèce de mérite qui lui a fait accueillir avec tant d'indulgence mes autres ouvrages : le naturel, la vérité d'observations et de peintures de mœurs, et la bonne foi d'*auteur*. Je n'ai jamais critiqué contre ma conscience, ni écrit une seule phrase contre mes sentimens ou mes opinions.

J'ai fait beaucoup d'études, enfermée dans un cabinet; j'en ai fait davantage encore, dès ma première jeunesse; à la cour, dans des châteaux, des palais, des chaumières, des villes de province, des couvens; dans un grand nombre de voyages; dans mes relations avec des gens de lettres, des savans, des artistes et des personnes de toutes les classes, et au milieu des enfans chéris que j'ai élevés ; car, pour bien connaître le cœur humain, il faut avoir pu étudier ses premiers mouvemens, et les germes des passions et des vertus.

Il n'est point d'état, depuis le plus élevé jusqu'au plus humble, que je n'aie étudié et que je ne connaisse parfaitement. La fortune m'a comblée de toutes ses faveurs et m'a fait éprouver toutes ses disgrâces ; j'ai goûté toutes les joies de l'âme ; j'ai senti toutes les douleurs qui peuvent la déchirer ! Enfin, j'ai beaucoup vécu ; j'ai joui de la sécurité de l'ancien temps ; j'ai vu l'élégance et l'urbanité de cette époque ; j'ai vu les bouleversemens et les merveilles de la fin du dernier siècle et du commencement de celui-ci, et j'ai recueilli, de tant d'événemens, d'observations et d'expérience, d'immenses matériaux qui m'ont fourni le sujet de cet ouvrage, dont j'ai fait d'abord ( il y a plusieurs années) un plan très-détaillé en trois volumes; mais depuis effrayée de la longueur du travail, je l'ai réduit en deux, en supprimant beaucoup de choses, entre autres un épisode tout entier.

On trouvera dans ce livre les principes, les opinions, les sentimens que j'ai constamment montrés dans tous mes écrits, mais avec plus de développemens et souvent d'une manière plus frappante, parce que le sujet exigeait de les rassembler dans un même cadre.

Sans avoir les talens de l'ingénieux auteur de Gil-Blas, j'ai voulu, comme lui, mettre en scène des personnages de tous les états, et offrir la critique de tout ce qui, dans les mœurs, me paraît répréhensible ou ridicule. D'ailleurs, comme j'avais à peindre d'autres temps, d'autres mœurs, cet ouvrage n'a rien de commun avec le sien, à l'exception de la forme en chapitres, et de la narration faite par le héros du roman. Gil-Blas est *un roman à tiroir* qui présente une suite de scènes détachées, presque toutes charmantes par le naturel, la vérité, et souvent par la sagacité et la profondeur d'observation ; mais cet ouvrage n'a point d'action principale et suivie : dans celui-ci, au contraire, j'ai mis une action que je ne crois pas sans intérêt par la nouveauté des situations, et parce qu'elle est formée surtout par les caractères des personnages ; et cette action, à travers beaucoup d'incidens et de scènes épisodiques, marche, se développe et se dénoue. Je n'ai point fait faire de bassesses à mon héros roturier, car j'avoue que celles de Gil-Blas me paraissent à la fois une insulte calomnieuse faite à la classe bourgeoise et une mauvaise conception dans un bon ouvrage. On peut, sans manquer à la vérité, supposer qu'il est possible de trouver un beau caractère dans quelque état que ce puisse être, et c'est celui-là qu'on doit choisir pour un premier rôle.

# PRÉFACE.

Je me suis plue à recueillir et à rassembler dans cet ouvrage une infinité de beaux traits, presque tous ignorés, qui prouvent que, dans le temps même de la terreur, tandis que *les lois dormaient* (1), la vertu veillait encore; et, en parlant de la révolution, je n'en ai peint en général que le côté comique et ridicule, et j'aurais pu multiplier les tableaux de ce genre.

Cet ouvrage, sous les formes que j'ai tâché de varier et de rendre amusantes, offre aux jeunes gens de toutes les classes des faits historiques, des tableaux frappans et des fictions dont le but principal est de leur faire sentir l'utilité de la vertu et de l'amour du travail. Ce n'est pas la première fois que j'écris pour des classes si long-temps oubliées par nos auteurs. Je suis le premier écrivain français qui se soit occupé de l'éducation des classes in-

---

(1) Expression d'un ancien.

férieures de la société ; un volume entier du *Théâtre d'éducation* ( et dont la première édition parut en 1781 ) est consacré aux enfans des marchands et des artisans ; et à ce sujet, les *six corps* de marchands de Paris daignèrent m'envoyer une *députation* et une lettre de remercîment au nom de ces six corps respectables, seul honneur que je me sois jamais vanté d'avoir reçu, parce qu'il n'en est point qui m'ait autant flattée. Enfin, j'ai fait paraître, en 1790, un discours sur *l'éducation du peuple*. Ainsi, mon zèle pour mes compatriotes de tous les états n'est point le fruit des nouvelles opinions ; il a toujours été dans mon cœur.

FIN DE LA PRÉFACE.

# LES PARVENUS,

OU

## LES AVENTURES

# DE JULIEN DELMOURS,

ÉCRITES PAR LUI-MÊME.

## CHAPITRE PREMIER.

*Naissance et éducation de Julien Delmours.*

L'IMPORTANCE des événemens publics depuis trente ans, en a donné plus ou moins aux contemporains des chefs qui ont opéré ces grands bouleversemens, dont l'histoire ressemblera parfaitement à un long mélodrame ; en effet, ce drame politique, sans plan, sans *unité* d'action, de principe, de temps, de lieu, sans vraisemblance, nous a présenté les idées les plus bizarres, les inconséquences les plus révoltantes, et successivement des faits héroïques, des atrocités, des scènes burlesques et tragiques, des spectacles imposans, terribles, pompeux, et souvent ridicules, des crimes et des bouffonneries, des meurtres, des proscrits, d'augustes victimes, des trônes renversés, des embrasemens, des batailles et des fêtes ; des tyrans, des scélérats, des héros et des niais ; des acteurs emphatiques, déclamateurs sans talent, débitant dans un style de mauvais goût des lieux communs ou des idées fausses ; enfin, tout ce qui constitue un véritable et superbe mélodrame. Tout Français qui, parvenu à l'âge de raison, s'est trouvé à l'ouverture de ce spectacle et au commencement de la pièce, a été forcé d'y jouer un rôle ; ainsi, dans ce cas, dès qu'on sait passablement écrire, on peut se flatter de laisser des mémoires intéressans, si l'esprit de parti n'a rendu ni aveugle, ni vindicatif, ni calomniateur. Je suis curieux, observateur sincère et sensible ; j'ai tout vu, tout examiné ; né dans la classe plébéienne, je n'ai dans aucun temps rougi de mon origine, et je n'ai jamais eu contre les *no-*

*bles* et les *courtisans* cette animosité, qui montre l'injustice, et qui décèle une secrète et basse envie. J'ai trouvé dans tous les états des vices, des vertus et des ridicules ; j'ai mûrement réfléchi sur les faits, sur les mœurs, sur les caractères saillans de cette époque : et, narrateur fidèle, j'ai peint sans exagération et sans ménagement tout ce que j'ai vu de remarquable. C'est un mérite essentiel que tout historien pourrait avoir, mais qui manque jusqu'ici à tous les mémoires en si grand nombre que nous avons déjà sur la révolution. Il est des opinions des personnages et des partis, que l'on veut à tout prix confondre et terrasser ; il en est d'autres que l'on n'estime pas, mais que l'on craint et dont on désire le suffrage. Pour moi je n'ambitionne que celui des amis de la vérité ; leur approbation, je le sais, n'a pas d'éclat, mais elle ne coûte ni intrigues ni cabales, et elle est solide ; elle assure la durée de tous les ouvrages qui retracent des faits historiques, et qui peignent les mœurs ; c'est elle seule qui les fait passer à la postérité.

Pour arriver là, sinon par les talens, du moins par le chemin si peu battu de la franchise et de la bonne foi, je vais donc commencer ma singulière histoire, et, suivant l'usage des auteurs modernes, je remonterai jusqu'aux premières années de mon enfance (1).

Je suis fils d'un confiseur de la rue des Lombards, où je naquis en 1767. Après la boutique du *Fidèle Berger*, celle de mon père tenait le premier rang dans cette rue si fameuse par ses dragées, et si brillante aux yeux des enfans, la veille et le jour de la nouvelle année.

Jamais enfance n'a été plus heureuse que la mienne; j'étais l'idole de mes parens, et l'on pense bien que je ne manquais ni de bonbons ni de confitures. Dès l'âge

---

(1) M. l'ex-sénateur Garat a fait un éloge de feu M. Bonnard; cet éloge, qui est imprimé, commence ainsi : *M. Bonnard eut trois nourrices.* Voilà un début qui tout de suite annonce de grandes destinées, car il n'est pas commun d'avoir eu *trois nourrices.* Pour moi, qui n'en ai eu qu'une, je passe légèrement sur cette époque de ma vie pour arriver à mon sevrage.

de cinq ou six ans, je montrai la vocation la plus décidée pour l'état de confiseur ; comme je trouvais toujours quelques profits journaliers dans ce travail, je m'y livrais avec ardeur et dès lors je savais très-passablement praliner des amandes et préparer des pastilles. Mon père annonçait que je serais un jour très-laborieux, et ma mère se flattait que par la suite notre maison, dirigée par moi, surpasserait en réputation celle du *Fidèle Berger*. Cette idée ravissait ma mère, car la renommée de cette boutique si achalandée était pour elle une source inépuisable de chagrins.

Des cheveux blonds, naturellement bouclés, et un teint éclatant, me donnaient dans le quartier une telle réputation de beauté, qu'un de mes oncles, boucher dans la rue Saint-Martin, et frère de ma mère, eut l'idée de me proposer à ses confrères pour monter le fameux bœuf du mardi gras. J'avais alors sept ans ; mais j'étais si petit pour mon âge, que je paraissais à peine en avoir cinq. On me mit un habit couvert de clinquant, on me couronna de roses, et l'on me posa sur le plus beau bœuf de France, que l'on avait surchargé de guirlandes de fleurs, et dont on avait doré les cornes. Suivi d'un nombreux cortége, je traversai fièrement les principales rues de Paris, au son des instrumens, et au bruit plus flatteur des applaudissemens et des acclamations d'une multitude immense; jamais triomphateur n'a paru en public avec plus d'orgueil et de joie. En passant dans la rue de Grenelle, je reconnus aux fenêtres d'un entresol les enfans de la marquise d'Inglar, qui venaient souvent dans notre boutique; leur mère était avec eux pour voir passer le bœuf gras. Elle fut si charmée de ma figure, que le lendemain elle fit prier mon père de m'envoyer chez elle, parce qu'elle voulait me voir de près. La marquise d'Inglar était une grande dame attachée à la cour, et l'une de nos meilleures pratiques; mon père pria l'espèce de poëte qui faisait les rébus, les charades et les devises de nos bonbons, de composer pour elle un joli *compliment* en vers, que j'appris par cœur, et que je débitai avec un grand succès. La marquise m'embrassa à plusieurs reprises ; et se tournant vers sa demoiselle de compagnie : Voilà, dit-elle, notre *amour* tout trouvé. Alors s'adressant à mon père qui m'avait amené, elle lui conta que, voulant donner une fête, le premier de mai prochain, au marquis d'Inglar son mari, elle avait jeté les yeux sur moi pour m'y faire jouer un rôle d'amour. Cette proposition fut acceptée avec joie, et l'on convint que la marquise m'emmènerait à la campagne dans les derniers jours d'avril.

La marquise d'Inglar, âgée alors de trente ans, était la femme de la cour la plus désœuvrée, et en même temps la plus vivement occupée des petits intérêts de société; elle avait cette vivacité qui ressemble à l'esprit, car toute femme passe pour en avoir lorsqu'elle joint à des manières agréables l'air animé de l'étourderie et le goût de la dissipation. Dans le monde on prend facilement les discours inconsidérés pour des saillies, et la turbulence pour de l'imagination. La marquise ne voyait guère dans la vie qu'un grand malheur, celui de s'ennuyer ; et, comme elle n'avait aucune ressource en elle-même, elle n'en cherchait que dans le jeu, les spectacles et les amusemens les plus bruyans. Dépourvue de toute espèce d'agrémens extérieurs, elle n'avait aucune coquetterie; ses prétentions fondées en partie sur une santé robuste et une grande fortune, étaient de se montrer infatigable dans les parties de plaisir, et de bien faire les honneurs de l'une des plus brillantes maisons de Paris. Son cœur était aussi vide que sa tête; elle n'aimait rien; cependant, tous les ans, sur la fin du mois d'avril, elle se passionnait pour son mari, afin d'avoir le prétexte de donner, le premier de mai une superbe fête et d'inviter un monde prodigieux. Son mari était un homme de quarante ans, d'un caractère plein de douceur, de bonhomie et de solidité, et dont les goûts étaient aussi sérieux que ceux de sa femme étaient frivoles. Ainsi que plusieurs grands seigneurs de ce temps (le marquis de l'Hôpital, le comte de Cailus, etc.), il cultivait les sciences avec succès; il était antiquaire et bon mathématicien; il ne portait dans la société que le désir de se délasser de ses graves occupations. Distrait préoccupé, il sentait peu l'agrément d'une conversation vive et légère; il partageait rarement la gaîté des autres, mais il ne la réprimait jamais. Recevant publiquement tous les ans de sa femme des déclarations d'amour, et de plus en plus passionnées, il s'en croyait adoré, et par reconnaissance il avait pour elle l'attachement le plus sincère. Père de deux enfans charmans, rien ne manquait à son bonheur. L'aîné de ses enfans, Eusèbe d'Inglar, que dans la maison on appelait *Monsieur le vicomte*, avait douze ans; il était d'une beauté remarquable, et il annonçait déjà l'esprit et les excellentes qualités qui en ont fait depuis, un jeune homme véritablement accompli. Sa sœur, mademoiselle Edélie, âgée de huit ans, était jolie; elle avait le naturel et la vicacité de sa mère, mais avec beaucoup plus de grâces, d'esprit et de sensibilité. Telle était la famille dans l'intérieur de laquelle je fus admis dès mon enfance. Mademoiselle de Versec, demoiselle de compagnie de la marquise, vint me chercher chez mes parens le 24 avril pour m'emmener à Étioles, maison de campagne du marquis, aux environs de Paris. Il y avait déjà dans la famille tout ce tumulte qui précède les fêtes: on rencontrait dans les cours et dans les jardins une multitude d'ouvriers, les uns portant des décorations, les autres dé grosses guirlandes de fleurs artificielles de papier, les autres des lampions, des lanternes de couleur, etc. Comme on devait jouer la comédie, les acteurs, tous parens et amis de la maison, faisaient, soir et matin, de longues répétitions; le salon était désert, toute société était rompue, et l'objet de cette agitation universelle vivait dans l'abandon total d'une mystérieuse solitude et dans une espèce de confinement très-rigoureux, car les trois quarts de la maison et des jardins lui étaient interdits; dès qu'il voulait avancer, des sentinelles vigilantes le forçaient de retourner sur ses pas, et d'aller se réfugier dans son cabinet. On lui ménageait d'agréables surprises, quoiqu'il fût certain d'avance que, le premier de mai, il verrait jouer un *prologue* à sa louange, ensuite un opéra comique ; qu'en sortant de la salle du spectacle on le conduirait dans les jardins illuminés, où serait tiré un feu d'artifice, après lequel on irait souper dans l'orangerie toute tapissée intérieurement de verdure et de fleurs ; qu'au dessert on chanterait des couplets dans lesquels il serait proclamé le meilleur des pères et des époux, et le plus chéri ; qu'enfin ce grand jour serait terminé par un bal champêtre dans l'orangerie, et par un *biribi* dans le salon. Le marquis savait tout cela, et néanmoins il attendait avec impatience le jour de la fête, sinon pour jouir du plaisir de la surprise, du moins pour être quitte de l'ennui des préparatifs et pour reprendre la propriété de sa maison et de son jardin. On me fit répéter mon rôle d'Amour ; c'était un petit dialogue avec l'Hymen joué par le jeune Eusèbe d'Inglar. Nous commencions par nous disputer ; ensuite la Sagesse, sous le costume de Minerve, et entourée des Grâces, des Jeux et des Ris, venait nous raccommoder, et nous finissions par nous embrasser très-cordialement, tandis que la Déesse et les Grâces nous enchaînaient l'un à l'autre avec des guirlandes de roses. Ces idées anacréontiques n'étaient pas toutes neuves, mais le tableau que nous formions était nouveau pour la plupart des spectateurs; peu d'entr'eux avaient vu en réalité cette union charmante de l'Hymen et de l'Amour, de la Sagesse et des Grâces; aussi fûmes-nous applaudis à tout rompre; et, après la représentation, on nous prodigua les éloges, les caresses et les tartelettes. Le lendemain de cette brillante fête fut, comme cela arrive ordinairement, une languissante et triste journée; on était fatigué, on avait besoin de sommeil et de repos. Le jardin était jonché de fleurs fanées et de baguettes de fusées; les domestiques, harassés de lassitude, ne pouvaient suffire à rétablir dans la maison l'ordre et la propreté. Presque tous les enfans étaient plus ou moins malades d'indigestion et grondés sur leur intempérance par les précepteurs et les gouvernantes; ils se désolaient. Les plus affligés étaient nos acteurs, et surtout les Ris et les Jeux, cousins d'Eusèbe, qui pleuraient à chaudes larmes, parce qu'ils étaient condamnés, pour quarante-huit heures, à la diète la plus rigoureuse. Toutes les dames avaient les yeux battus, et, à l'exception de la marquise, se plaignaient de la migraine; on avait de l'humeur; et, tandis que la marquise et le poëte qui avait fait le prologue et les couplets se félicitaient de leurs succès, on critiquait tout bas cette fête somptueuse que l'on avait tant applaudie la veille, et l'on se moquait en secret de *l'amour conjugal* de la marquise. La fête avait coûté plus de douze mille francs; il faut convenir qu'une telle somme, mieux employée, aurait pu procurer un *lendemain* plus satisfaisant. J'ai eu le temps de faire toutes ces observations pendant huit ou neuf ans que j'ai vu se renouveler ces fêtes dans lesquelles j'ai toujours joué des rôles. Il était convenu que je resterais à la campagne sept ou huit jours après la fête; mais Eusèbe prit tant d'amitié pour moi, qu'il sollicita et obtint de mon père une longue prolongation pendant laquelle je ne perdis pas mon temps; car Eusèbe entreprit de me donner des leçons de latin, d'histoire et de géographie, ce qu'il fit constamment à ses récréations. Avant de commencer à jouer, il me donnait toujours soir et matin une petite leçon, en me recommandant d'étudier tout seul. L'abbé Desforges, son précepteur, fut si touché de mon application, qu'il seconda avec plaisir son élève dans les soins qu'il me prodiguait, et je fis en six mois des progrès véritablement surprenans pour l'âge que j'avais alors. La marquise faisait de longs et fréquens voyages à Paris et à Versailles : le marquis y allait de temps en temps ; mais M. l'abbé, son élève et moi, nous restions toujours à Etioles. Quant à mademoiselle Édélie, elle ne venait chez ses parens que dans les occasions solennelles ; ensuite elle retournait à l'abbaye de Panthemont, où elle était élevée.

Sur la fin d'octobre, nous quittâmes tous la campagne, je revis avec joie mes parens, notre boutique et nos dragées. Mon père, fut émerveillé de ma science, qui me fit passer pour un prodige parmi tous les confiseurs de la rue des Lombards. M. l'abbé m'avait donné un rudiment, un *Ragois* et une mappemonde, en m'exhortant à ne pas oublier ce que j'avais appris. Je le promis; et, fier de ma réputation naissante, je tins parole. Le bon abbé, qui m'avait pris en affection, venait tous les quinze jours me donner une leçon, et j'allais presque tous les dimanches passer deux heures de la matinée avec Eusèbe, qui me faisait aussi répéter au moins une demi-heure, car il mettait à mes progrès beaucoup d'intérêt et d'amour-propre. Je payais les leçons de mon jeune maître avec de la pâte de guimauve, le seul bonbon que l'abbé m'eût permis de lui offrir. Eusèbe, de son côté, me donnait de jolis joujoux quand il était content de moi.

Malgré le prix infini que mon père attachait à la protection de la marquise d'Inglar, il n'était pas sans inquiétude sur le goût précoce que j'annonçais pour le latin et pour l'histoire. Il prévoyait que je *mangerais mon fonds*, et que j'abandonnerais la boutique et le métier pour devenir un savant. Dans ce temps, les marchands ne croyaient pas encore que leurs enfans dussent se livrer à des études inutiles à leur état. Mon père confia ses craintes à l'abbé qui lui répondit que le jeune d'Inglar avait montré un désir si vif de me communiquer les leçons qu'il recevait, qu'on n'avait pu le refuser, quoiqu'en effet cette idée eût paru aussi bizarre que bienfaisante, qu'on le laissait continuer, parce que cette occupation redoublait excessivement son émulation, mais qu'Eusèbe devant aller, l'année d'ensuite, passer dix-huit mois en Dauphiné, les leçons cesseraient naturellement. Cette explication tranquillisa mon père, d'autant plus que je montrais toujours le même zèle pour l'état auquel il me destinait.

## CHAPITRE II.
### Suite du précédent.

Les deux derniers mois de cet hiver me parurent longs; j'attendais avec impatience le printemps, qui devait ramener la fête du marquis d'Inglar. Ce moment si désiré arriva enfin; mademoiselle de Versec vint me prendre comme l'année précédente, et mon père consentit de bonne grâce à me laisser à Etioles tout l'été, parce qu'il était décidé que le marquis, qui avait un commandement en Dauphiné, partirait sans faute pour Grenoble avec Eusèbe dans les premiers jours de septembre.

La fête fut à peu de chose près la répétition de la première; mais je la trouvai mille fois plus charmante, parce que j'y jouai deux rôles, et que j'y fus excessivement applaudi, car j'avais fait au moins autant de progrès en vanité qu'en instruction. Un cousin germain d'Eusèbe, et de son âge, passa six semaines avec nous. Joseph de Velmas ( c'était son nom ) ne manquait pas d'esprit; il avait un bon cœur, mais son extrême étourderie et sa pétulance annonçaient dès lors des passions vives et un avenir orageux; et malheureusement M. de Lorme, son gouverneur n'avait ni le mérite ni les principes de l'abbé Desforges. Cependant des manières insinuantes, une grande douceur, un esprit orné, du talent pour la poésie, rendaient M. de Lorme fort agréable dans la société. Il était aimé dans la famille, et particulièrement de la marquise, qui le regardait comme un homme d'un génie prodigieux ; c'était lui qui dirigeait toutes ses fêtes et qui faisait les prologues et les couplets de société. Il avait une très-bonne qualité, celle d'aimer la paix, la tranquillité, et d'employer tout son esprit à maintenir l'union, ou à la rétablir dans la famille, s'il remarquait quelques nuages entre les personnes qui la composaient. Il était le confident de tout le monde, et il faisait un digne usage de l'ascendant que lui donnaient l'estime et la déférence que l'on avait généralement pour lui ; il possédait à un degré supérieur l'art heureux de dissiper les mécontentemens et de réconcilier les gens brouillés par des tracasseries et des malentendus ; ce qui ne peut se faire qu'à force de petites *concessions* particulières qu'il savait obtenir des deux côtés. Cet esprit souple et conciliateur est excellent dans les négociateurs et dans le commerce intime de la vie, mais il devient pernicieux lorsqu'il ne sait pas s'arrêter toutes les fois qu'il peut blesser les préceptes fondamentaux de la morale ; il ne vaut rien dans un instituteur qui doit avoir et donner des principes absolus, et par conséquent inflexibles. M. de Lorme, avec de fort bonnes intentions, mais faute de réflexion et d'étendue d'esprit, corrompit son élève. En voulant l'instruire, il lui passa *un peu* d'inapplication, et le rendit indisciplinable. Pour tout *concilier*, il prétendit lui donner à la fois *un peu* de religion et *un peu* de philosophie ; il gâta son esprit, son jugement et ses mœurs. Par la suite, lorsqu'il l'introduisit dans le monde, il lui permit *un peu* de jeu et un *attachement,* et son élève perdit, à son début dans le monde, deux ou trois cent mille francs, et se livra à tous les excès du libertinage. Le bon abbé Desforges donna au jeune Eusèbe des principes fixes, invariables ; il ne composa jamais avec lui sur la morale ; il imprima dans son esprit et dans son cœur ces sublimes vérités qui ne préservent pas toujours, dans la première jeunesse, des séductions du monde, mais qui font du moins que l'on ne s'abuse point sur ses propres écarts, qu'on en gémit, et qu'on sait les réparer.

Je restai à Etioles jusqu'à la fin de septembre. Je n'eus pas le chagrin de faire de longs adieux à Eusèbe, car des affaires retardèrent le départ de son père pour Grenoble; le marquis passa encore tout l'hiver à Paris; et la marquise, pour donner sa fête, obtint qu'il ne partirait qu'au printemps, vers le milieu du mois de mai. Ainsi, je jouai encore dans la fête pour la troisième fois. Mais, le surlendemain, une funeste nouvelle me força de retourner en hâte à Paris, comme on le verra dans le chapitre suivant.

## CHAPITRE III.

*Premier malheur de Julien. — Mort de son père. — Mariage en secondes noces de sa mère. — Persécutions qu'il éprouve. — Changement dans sa situation.*

Mon père se mourait, frappé d'apoplexie à cinquante ans; il expira deux jours après mon retour à Paris. Ma doueur fut inexprimable ; mais j'en contraignis les démonstrations, dans la crainte d'augmenter celle de ma mère qui me parut extrême. Tous nos parens accoururent ; es plus considérés dans notre famille étaient mes deux oncles; l'un, dont j'ai déjà parlé, boucher dans la rue St.-Martin ; l'autre, lapidaire-bijoutier, frère de mon père. J'aimais beaucoup mieux ce dernier, parce que son état était plus honorable, et que sa boutique était éblouissante ; mais je rougissais de celle du boucher qui, de son côté, me savait fort mauvais gré de ma froideur pour Jacquot Ledru, son fils unique, mon cousin germain, qui 'tait certainement le plus grossier et le plus sot garçon de treize ans que j'eusse amais vu. Le départ du jeune Eusèbe pour le Dauphiné mit le comble à mes chagrins ; il m'avait promis de m'écrire, et il me tint parole.

Ma mère, sur la fin de son deuil, c'est-à-dire au bout d'un an, parlait encore de temps en temps de sa douleur ; et enfin, trois mois après qu'elle eut quitté le deuil, elle eut avec moi un long entretien, dans lequel, en faisant l'éloge de *ma raison et de mon esprit, au-dessus de mon âge*, elle me déclara que, pour l'intérêt de notre commerce, et par conséquent pour le mien, elle était forcée de se remarier, et qu'elle épouserait Simon Landry, notre premier garçon de boutique, jeune homme de vingt-huit ans, d'une très-jolie figure. Elle ajouta qu'elle faisait un grand sacrifice en formant une telle union à quarante ans, mais que sa tendresse pour moi l'emportait à cet égard sur toutes ses répugnances, parce que Simon, qui me chérissait, et qui avait une intelligence supérieure, me tiendrait lieu de père, et qu'il pouvait seul faire aller notre négoce. Je fus très-attendri en voyant ma mère *s'immoler* ainsi pour moi, et d'ailleurs charmé de son choix; car Simon était un si excellent garçon, si complaisant, qui jouait avec moi de si bon cœur, et qui m'avait donné tant de dragées, surtout depuis la mort de mon père ! j'allai l'embrasser, les larmes aux yeux, et de son côté il m'accabla de caresses.

La noce se fit sans éclat et sans invitations; ma mère savait bien que ce mariage scandaliserait étrangement sa famille ; pour moi, je le trouvai aussi convenable que touchant ; car le matin de ce grand jour, ma mère me donna un bel habit neuf et des confitures à discrétion ; j'avais dix ans et demi.

Je ne gardai pas long-temps l'opinion que j'avais de la douceur et de la bonté de mon beau-père. Dès les premiers jours de son mariage, il changea tout-à-fait avec moi de ton et de manières. Bientôt il me traita avec une excessive rudesse ; au bout de sept ou huit mois, il renvoya notre garçon de boutique, disant que j'étais assez intelligent pour le remplacer ; seulement il prit une fille de boutique de vingt ans, assez jolie, sous prétexte qu'elle écrivait et qu'elle comptait bien. Cette fille déplut à ma mère qui la trouva *trop pimpante* ; mais mademoiselle Lise ( c'était son nom ) ne rabattit rien de son élégance ; elle n'avait pas, comme les filles de boutique d'aujourd'hui, des robes brodées, des peignes et des colliers de corail ; mais elle dédaignait les tabliers de toile à carreaux; elle n'en portait que de taffetas noir ou vert, et les dimanches elle avait des *coques* de rubans et des *barbes* retroussées sur son bonnet rond garni de *mignonnette*, et un mantelet bordé de dentelle noire. Une énorme touffe de cheveux frisés, tapés et poudrés à blanc, s'avançait avec grâce sur son front, entre les deux papillons de son bonnet; et un chignon *tombant*, couvrant son cou par derrière, complétait la coquetterie de sa parure. Un costume aussi distingué anima contre elle toutes les prudes du quartier; ma mère même, qui n'était pas mieux mise, finit par éclater. Lise répondit des impertinences; ma mère voulut la renvoyer, mais mon beau-père s'y opposa formellement; l'insolente Lise resta, le voisinage fut indigné, et la paix de notre ménage perdue sans retour.

Les mauvais traitemens que me faisait éprouver mon beau-père devinrent si intolérables, que ma mère songea sérieusement à me tirer de ses mains. Mon oncle Bénigme Delmours, le bijoutier, m'avait toujours tendrement aimé; il n'avait jamais voulu se marier, il était riche et considéré dans son état ; ma mère espéra qu'il consentirait facilement à se charger de moi. Son attente ne fut point trompée. Mon oncle, instruit par elle de notre déplorable situation, répondit dignement à sa confiance, en venant me chercher. Je pleurai amèrement en me séparant de ma mère. Hélas, mon enfant, me dit-elle en versant un torrent de larmes, tu n'as plus de toit paternel !...... tristes paroles qui peignent tout le malheur que les secondes noces répandent en général sur l'existence des enfans du premier lit, surtout parmi les marchands, où les enfans ne sont plus alors que des domestiques sans gages et communément maltraités par un beau-père ou une belle-mère.

Mon oncle était le meilleur des hommes, également industrieux, laborieux, rempli de bon sens et de probité. Il n'avait que deux défauts ; il était beaucoup trop sensible aux cajoleries des grands seigneurs, et il se croyait une finesse et une pénétration que malheureusement il n'avait pas. Cette dernière prétention augmentait en lui chaque année, car elle venait beaucoup moins de sa vanité que de l'idée qu'il s'était formée de l'expérience et de la haute sagesse qu'on doit naturellement avoir quand on a passé cinquante ans. Mon père et lui naquirent dans un temps où la religion était la base de toute bonne éducation, temps où, sans parler *d'égalité*, la classe de la bourgeoisie était, d'un aveu unanime, si respectable, et de fait si considérée, parce que, même dans les grandes villes, cette classe était recommandable par ses habitudes, son genre de vie et la pureté de ses mœurs. J'avais déjà reçu d'excellens principes de mon père, c'étaient ceux de mon oncle qui se fit un devoir de me les conserver. Il eut avec moi une longue conversation le lendemain de mon arrivée chez lui. Mon enfant, me dit-il, tu auras un jour après moi assez de bien pour te passer de travailler ; cependant je ne souffrirai pas que cette idée te rende un fainéant. Je pourrais moi-même me retirer du commerce et vivre fort à mon aise ; mais je fais exister une multitude d'ouvriers, je m'occupe, et l'on siveté m'ennuierait. Je veux que tu travailles aussi, et que tu prennes ma profession; je t'enseignerai moi-même le dessin d'ornement et tout ce qui est nécessaire à notre état : en même temps, ajouta-t-il en souriant, je ne prétends pas que tu perdes ton talent de confiseur, je l'entretiendrai en te faisant faire tous les ans, à tes récréations, notre provision de confitures et de sucreries, car il y a de la sottise à perdre et à oublier entièrement ce qu'on a pris la peine d'apprendre. D'ailleurs, toute industrie est bonne et ne sera jamais tout-à-fait inutile dans le cours de la vie, et même de quelque état qu'on soit, à plus forte raison pour nous autres bourgeois. Alors mon oncle me conta qu'il devait sa fortune au goût qui l'avait porté, dès son enfance, à saisir toutes les occasions d'apprendre quelque chose de nouveau. Son père l'avait mis en apprentissage chez un riche tapissier de la rue Saint-Honoré; cet homme était très-vieux, veuf, riche et sans enfans, sa maison était située entre un horloger et un doreur. Mon oncle profita de ce voisinage : en raccommodant pour rien, dans ses momens de loisir, quelques vieux meubles de ces deux hommes, il apprit à monter et démonter une montre et des pendules, à les nettoyer, les régler, et à dorer parfaitement sur bois. Son maître avait une maison de campagne; au bout d'un an mon oncle fut en état d'entretenir les pendules, les montres, et même de raccommoder les serrures et de dorer tous les cadres d'estampes et de tableaux. Cette industrie fut si agréable au vieux tapissier, qu'il prit pour mon oncle la plus vive affection, et qu'à sa mort il lui laissa un legs de quarante mille francs. Ce récit me frappa beaucoup, et j'en profitai sur-le-champ, en priant mon oncle de me donner un répétiteur de latin et d'histoire, parce que je ne voulais pas oublier tout-à-fait ce qu'Eusèbe et le bon abbé Desforges m'avaient enseigné en deux ans, et que j'avais été forcé de négliger depuis leur absence et le mariage de ma mère. Mon oncle me donna sur-le-champ un fort bon maître, c'était un ecclésiastique attaché à la paroisse, qui, de plus se chargea de me préparer à faire ma première communion. Mon oncle m'envoyait tous les dimanches chez ma mère, et j'y portais tous les sentimens d'un bon fils ; car, outre les commandemens de Dieu, on me faisait lire tous les jours les Saintes Écritures, où je trouvais les plus sublimes exhortations sur la piété filiale, et entre autres ces paroles de l'Ecclésiastique : *Combien est maudit de Dieu, celui qui aigrit l'esprit de sa mère !...* C'était encore alors (surtout dans la bourgeoisie) un jour mémorable dans les familles, que celui où l'un de ses enfans faisait sa première communion. Cette auguste et touchante cérémonie, qui introduit la jeunesse dans la grande *communauté* sociale, surpasse autant, par la solennité et la morale, le *revêtement* de la robe prétexte des anciens Romains, que le christianisme est au-dessus du paganisme. Quelle manière sublime de sortir un jeune homme de l'enfance, que de lui dire : Si vous vous rendez digne de vous unir intimement à la divinité par la connaissance et la pratique fervente et perfectionnée de toutes les vertus qu'elle prescrit, vous ne serez plus regardé comme un enfant ; on ne devient un homme que par la piété, l'amour filial, l'humanité, la bonté compatissante, indulgente et généreuse, le pardon des injures, l'équité, la sobriété, le goût du travail, l'empire de soi-même ! Le catéchisme dit tout cela. Quel céleste, quel divin langage ! et quelle profonde impression ne doit-il pas faire ! Quelle influence ne doit-il pas avoir sur le cours entier de la vie, lorsqu'on croit qu'en offrant à Dieu un cœur pur, plein d'amour et de foi, il daignera habiter en nous pour nous revêtir de force, de courage et de persévérance !

Cependant le temps s'écoulait très-utilement pour moi ; nourri de bons principes, de bonnes lectures, travaillant sans relâche, toujours occupé, toujours bien traité, je n'avais pas un seul moment d'ennui. Mon digne oncle me préparait pour l'avenir d'honorables ressources, qui par la suite me furent bien utiles. Dix mois après son mariage, ma mère accoucha d'une fille dont la marquise d'Inglar fut marraine, et qu'elle nomma *Casilde* ; ce n'était point un nom de roman, c'était celui d'une sainte fille d'un roi maure. Ma mère n'aurait pas souffert que son enfant portât un nom de fantaisie. Cet événement ne rendit pas mon beau-père meilleur mari. Ma pauvre mère était fort malheureuse par ses folles dépenses, sa brutalité et son libertinage. Tel est à peu près le sort de toutes les femmes de quarante ans qui épousent des jeunes gens.

## CHAPITRE IV.

*Retour du marquis d'Inglar et d'Eusèbe. — Joie de Julien. — Nouvelle fête d'Étioles. — Vanité de Julien réprimée. — Portrait de mademoiselle de Versec. — Introduction chez l'oncle de Julien d'une personne qui jouera un grand rôle dans cette histoire.*

Je n'allais chez la marquise d'Inglar qu'au jour de l'an ; elle me recevait avec beaucoup de bonté, car les nobles que rien alors n'avait aigris, étaient d'une extrême affabilité et infiniment plus polis que les financiers. La marquise me parlait d'Eusèbe avec grâce, sans jamais me faire sentir la distance qui était entre nous. J'appris, non sans un vif chagrin, que le séjour d'Eusèbe en Dauphiné serait beaucoup plus long qu'on ne l'avait annoncé. Le marquis fit deux petits voyages à Paris, dans l'un desquels il ne put esquiver une petite fête; mais Eusèbe et son précepteur restèrent à Grenoble, et ne revinrent avec le marquis qu'au bout de trois ans; j'en avais treize à cette époque. Eusèbe, qui était dans sa dix-septième année, me montra cette amitié si tendre qui ne s'est jamais démentie, et dont il m'a donné, durant le cours de notre vie, tant de preuves généreuses. Je m'empressai de le rendre juge, ainsi que l'abbé, de mes progrès dans le latin, l'histoire et la géographie; et j'ajoutai, ce qui était vrai, qu'en outre je dessinais assez bien l'ornement, et que j'étais passablement avancé dans l'art de la bijouterie, et je lui offris un petit cachet de mon ouvrage. Il m'encouragea par ses caresses et ses éloges, et l'abbé m'adressa ces paroles remarquables : Continuez, mon cher Julien, soyez toujours, dans toutes les situations, actif et laborieux; c'est avec raison qu'on a dit que l'oisiveté est la mère de tous les vices ; car, lorsqu'elle ne les a pas encore produits, elle les couve. Ce mot me frappa ; il a le mérite de déshonorer complétement la paresse, et je l'ai répété plusieurs fois depuis à de jeunes désœuvrés qui se vantaient de n'être encore tombés dans aucun excès. L'innocence dans une habituelle oisiveté est toujours si fragile ! Les seuls gages réels de la solidité de la vertu sont dans la religion et le travail.

On pense bien qu'après une si longue absence, le retour du marquis et de son fils, fut dignement célébré, et que la marquise ne laissa pas échapper une si belle occasion de donner une superbe fête. Le jeune Velmas ( que l'on appelait le comte Joseph ) vint avec son gouverneur, M. Delorme. Je ne l'avais pas vu depuis que j'étais chez mon oncle, lorsqu'il parut dans le salon, où l'on m'admettait toujours en ma qualité *d'acteur* et de protégé favori d'Eusèbe. Je courus à lui de premier mouvement, pour l'embrasser cavalièrement, comme un ancien camarade d'enfance. Manières déplacées avec le fils d'un duc et pair, et que je n'avais jamais avec

Eusèbe, malgré notre intimité, parce qu'il m'inspirait naturellement ce respect d'estime et de reconnaissance auquel on ne manque jamais quand on est bien né. Le comte Joseph, parvenu à l'âge de dix-sept ans, me trouva beaucoup trop grand pour me permettre une telle familiarité. Il évita mon accolade en se reculant doucement de côté, et je tombai sur mademoiselle de Versec qui se trouvait derrière lui, et qui, malgré sa bonté pour moi, me reçut fort mal, parce que je chiffonnai son ajustement, dont le *bouffant* et la régularité lui coûtaient au moins, dans les jours de parure, une bonne heure et demie de son temps. Tout le monde se mit à rire, ce qui ne me fâcha point ; le comte se contenta de sourire, et me blessa jusqu'au fond de l'âme ; j'ai eu depuis l'occasion d'observer, dans plusieurs circonstances, cet insultant sourire qui exprimait à la fois le dédain, l'ironie, la moquerie, la malveillance, et dont les fats de la cour s'étaient alors réservé l'usage exclusif, privilége qu'ils partagent aujourd'hui avec les parvenus impertinens, depuis que l'homme a recouvré *la dignité de son être.*

Fort déconcerté de cet accueil, je me promis bien de ne pas m'exposer par la suite à de semblables leçons qu'on ne s'attire jamais avec un peu de tact et beaucoup de réserve. Je restai six semaines à la campagne ; Eusèbe me fit monter à cheval tous les jours, et chaque matin l'abbé nous faisait une lecture de deux heures. Mademoiselle de Versec m'apprit à lire la musique ; et, comme j'avais une jolie voix, elle me donna quelques leçons de chant. Le motif secret de tous ces soins me dispense de la reconnaissance, car on verra bientôt qu'ils étaient fort intéressés. Mademoiselle de Versec aurait joué agréablement du piano sans son goût exclusif pour les grandes sonates de l'exécution la plus difficile ; mais elle manquait de doigts et de vitesse, et elle barbouillait. Elle avait aussi la malheureuse prétention de chanter, et toujours la *cantabile*, avec une voix aigre et dure. On ne sait pas assez combien, en musique, une trop grande ambition est fâcheuse ; il ne s'agit pas seulement, dans cet art, de *pouvoir faire*, il faut faire avec perfection ;

et tel qui pourrait plaire, déplaît à tout le monde, parce qu'il veut étonner.

Mademoiselle de Versec, fille d'un petit gentilhomme très-pauvre, de la province de Bourgogne, et orpheline dès le berceau, avait été élevée par la feue marquise d'Inglar, mère du marquis d'Inglar, qui avait toujours vécu en province. A la mort de cette dame, le marquis l'avait donnée pour demoiselle de compagnie à sa femme. Mademoiselle de Versec avait découvert, dans sa généalogie, que jadis une *Versec*, sous le règne de François I$^{er}$, avait épousé un *Inglar* ; elle faisait de cette alliance une parenté, et elle disait à ses amis qu'elle était nièce ou cousine du marquis d'Inglar, car elle variait un peu à cet égard.

Mademoiselle de Versec était une personne de quarante ans, que, sur la foi de la vieille marquise d'Inglar, on avait jadis citée à Autun comme le modèle de la politesse la plus recherchée et de la bonté la plus parfaite. On remarquait néanmoins qu'elle critiquait sans cesse tout ce qui se faisait. Apprenait-elle qu'un homme eût fait l'acquisition d'une terre ou d'une charge, elle trouvait que la charge ne convenait ni à ses goûts ni à ses talens, et que le prix de la terre était au-dessus de ses moyens. Parlait-on d'un mariage prêt à se conclure, elle assurait que les futurs époux auraient pu mieux choisir pour leur bonheur. Il semblait qu'elle eût seule au monde le secret des véritables intérêts et des sentimens intimes de tous les gens de la société, et qu'elle connût beaucoup mieux qu'eux-mêmes leurs affections. Ce contrôle éternel n'avait ni le ton ni l'aigreur de la franche médisance; il s'exprimait avec tristesse et sans fiel. Mademoiselle de Versec ne disait jamais de mal des individus qu'avec les expressions de la plus douce indulgence, et elle faisait souvent ( avec quelques restrictions ) l'éloge des absens. Elle ne blâmait même pas les actions, mais elle en *craignait* les suites et les conséquences; elle s'en *inquiétait*. C'était par *bonté d'âme* qu'elle s'informait de tout ce qui se passait dans les familles, et qu'elle désapprouvait toutes les résolutions et tous les partis qu'on y prenait. Elle était enfin une *frondeuse sentimentale;*

caractère singulier, qui n'appartient qu'à notre siècle, et qui, déguisant l'envie, la méchanceté, autorise en mille occasions à condamner ouvertement ses amis mêmes, parce que c'est le *chagrin* touchant qu'on éprouve qui fait parler, et que la sensibilité excuse tout.

Quant à l'esprit de mademoiselle de Versec, il était peu cultivé; elle avait lu quelques romans; et, en *livres instructifs*, elle citait, entre autres, *l'Histoire des Vampires* de dom Calmet, l'ouvrage intitulé de *l'Imposture des diables*, et *le comte de Gabalis*, car elle aimait beaucoup le merveilleux; aussi croyait-elle aux songes, à l'astrologie judiciaire, et surtout aux présages et aux pressentimens. Mon oncle avait été invité aux fêtes qui durèrent trois jours; il était arrivé à Étioles dans un bon cabriolet, attelé d'un beau cheval à lui; ce qui lui avait donné beaucoup de considération aux yeux de mademoiselle de Versec, qui d'ailleurs avait admiré la richesse de ses bijoux, car mon oncle en portait beaucoup dans les jours de cérémonie; c'était, disait-il, plutôt une *enseigne* de son état qu'une vanité. Pendant les deux jours pleins que mon oncle passa à Étioles, mademoiselle de Versec ne parut occupée que de lui, ce qui fut très-agréable à mon oncle qui était un peu embarrassé au milieu de cette grande société inconnue. Mademoiselle de Versec se plaçait à côté de lui aux spectacles ; m'applaudissait avec transport dès que je paraissais ; nommait à mon oncle les autres acteurs et les principaux spectateurs ; se vantait de sa naissance, de ses talens, et de son crédit dans la maison, promettait à mon oncle de brillantes pratiques, entre autres celle du comte Joseph qui devait épouser dans un an la jeune Édélie, fille du marquis d'Inglar. Enfin, aux repas, elle arrangeait une *petite table* pour mon oncle et pour moi, elle y faisait mettre le bon abbé et s'y plaçait pour nous en faire les honneurs, après avoir pris les précautions nécessaires pour qu'elle fût mieux servie que toutes les autres. Mon oncle, sensiblement touché de tant de bontés, ne savait comment exprimer sa reconnaissance ; et il me répétait sans cesse, et du fond de l'âme, que mademoiselle de Versec était une fille du plus grand mérite. Il n'osait pas l'inviter à venir chez lui quand elle retournerait à Paris; elle le combla de joie, en lui disant d'elle-même qu'elle trouverait un grand *plaisir à cultiver une connaissance si agréable.*

Voici quels étaient les projets et le plan de mademoiselle de Versec : elle avait eu dans sa jeunesse une grande vocation pour le mariage, elle avait toujours été laide; mais comme toute femme, à moins d'être un monstre, s'abuse sur sa figure, elle se croyait une tournure de nymphe, parce qu'étant d'une maigreur remarquable et se serrant à l'excès dans un corps baleiné, le *bas de sa longue taille* était extrêmement mince, et il faut avouer que c'était alors une grande beauté. Quant à son visage, elle voyait bien que ses traits étaient irréguliers, mais elle croyait avoir la physionomie la plus expressive et la plus piquante; elle pensait aussi qu'elle possédait au suprême dégré le charme des manières :

» *Et la grâce plus belle encor que la beauté.* »

Mais tout à coup, à trente-cinq ans, son

visage se couvrit de boutons, et elle devint horriblement couperosée; toutes les illusions de la coquetterie s'évanouissent chez les femmes avec cette disgrâce, quand il est prouvé qu'elle est sans remède. Ainsi, après avoir épuisé toutes les pommades pour le teint et toutes les ressources du régime le plus rafraîchissant, mademoiselle de Versec prit le parti de renoncer au mariage. Elle était depuis quatre ans dans cette sage disposition, par conséquent elle avait quarante ans; mais elle crut voir, dans les yeux de mon oncle, des symptômes d'amour qui ébranlèrent à la fois ses résolutions et sa fierté. Mon oncle était roturier, et qui pis est marchand; cependant il avait quatre cent mille francs de biens; s'il aimait, on pouvait facilement l'engager, en faveur d'une si belle alliance, à quitter le commerce; ainsi raisonnait mademoiselle de Versec qui, ne possédant au monde qu'une rente viagère de quinze cents francs, se sentait assez de force d'esprit pour sacrifier dans cette occasion l'orgueil de la naissance.

Par un hasard qui frappa beaucoup mademoiselle de Versec, pour qui tout était présage, la marquise revint à Paris le 2 novembre, veille de la fête de mon oncle, dont le patron était *St. Bénigne*, nom peu romanesque pour un amant, mais qui convient assez à un mari. Mademoiselle de Versec avait l'habitude de demander à tous les gens de sa connaissance quels étaient leurs noms de baptême; elle n'avait pas manqué de faire cette question à mon oncle; elle entendit prononcer le nom de Bénigne avec une sorte de saisissement, et elle s'écria que rien n'était plus extraordinaire, St. Bénigne étant le patron de Dijon, ville dans laquelle elle était née ! Ainsi, lorsque la marquise annonça qu'elle retournerait à Paris le 2 de novembre, un concours si merveilleux de circonstances *extraordinaires* fit penser à mademoiselle de Versec que le ciel se déclarait ouvertement en faveur de l'union qu'elle voulait former. Elle se hâta d'envoyer à mon oncle un énorme bouquet d'immortelles. Mon oncle ne fit aucune attention au choix médité de la fleur, mais il fut extrêmement sensible à un souvenir aussi obligeant. Mademoiselle de Versec vint le voir plusieurs fois ; mon oncle, enhardi par tant de bienveillance, prit la liberté de la prier à dîner. Il invita pour le jour désigné le bon abbé Desforges et les personnes les plus considérables de sa connaissance, entre autres un riche négociant, son ami intime, sa femme, mademoiselle Sophie, leur fille très-jolie, personne de vingt-cinq ans, et un jeune employé dans les fermes, son prétendu, qu'elle devait épouser dans quinze jours. Mon oncle avait une bonne cuisinière, du vin parfait dans sa cave ; le dîner fut excellent, et servi de fort bon air en vaisselle plate ; il y eut au dessert une *croquante* de nougat et une abondance de confitures sèches envoyées par ma mère, et en outre des glaces du café de Foi ; enfin rien n'y manqua. Comme on ne s'occupait pas encore de politique, le repas fut animé par une gaieté cordiale et franche ; on porta des santés aux dames et à ses amis, on causa, on rit, on s'amusa. Mon oncle avait eu la galanterie d'acheter un petit piano anglais qu'on trouva dans le salon ; mademoiselle de Versec, sans se faire prier, se mit au piano avec un air conquérant, et pendant un quart d'heure *joua de tête*, en levant de temps en temps les yeux vers le ciel comme pour y chercher d'heureuses inspirations; c'est-à-dire qu'elle répéta une longue suite d'accords et de passages qu'elle savait par cœur, et que je lui avais entendu faire mille fois. Tout le monde, en désirant, au fond de l'âme, la fin de cet insipide prélude, en loua néanmoins les ingénieuses combinaisons. Après ce savant début, il fallut dévorer l'ennui des deux sonates de Clémenti ( chacune composée de trois morceaux : l'adagio, le presto et le rondeau ), de deux *chaconnes* et d'une ouverture arrangée pour le piano, le tout écorché d'une manière pitoyable; car mademoiselle de Versec, voulant se surpasser en brillante exécution, ne se surpassa qu'en barbouillage. Enfin elle arriva au *cantabile* ; après avoir toussé et s'être plaint d'un enrouement obstiné, elle commença d'un ton lamentable par ce bel air de Tom Jones.

» Amour, quelle est donc ta puissance! »

Ensuite jetant à la dérobée quelques regards passionnés sur mon oncle, elle chanta ce rondeau si connu alors :

« Mon cœur soupire
Pour le berger le plus charmant ;
Je l'aime et je n'ose le dire.....
Amour, qui causes mon tourment,
Fais-lui sentir ce qu'il m'inspire ;
Dis-lui que pour lui seulement
Mon cœur soupire. »

Mon oncle qui ne se doutait pas qu'il fût *le plus charmant berger*, ne comprit pas du tout l'application sentimentale, mais il fut émerveillé de l'expression de la chanteuse, qui, en finissant, était tellement émue, qu'elle déclara qu'elle n'était plus en état de chanter. Alors mademoiselle Sophie, cédant aux instances de mon oncle, chanta à son tour, mais avec une voix fraîche, pure, et tout le charme d'une des meilleures écolières de Richer. Mademoiselle de Versec en prit une humeur qui n'alla cependant pas jusqu'à la jalousie ; elle ne pouvait craindre de rivalité, le mariage de cette jeune personne étant publiquement arrêté.

Après la musique, tout le monde s'en alla successivement, à l'exception de mademoiselle de Versec qui se trouva seule avec mon oncle, car j'étais rentré dans ma chambre pour m'y occuper comme à mon ordinaire; mais ma chambre au-dessus du salon avait une cheminée qui correspondait à celle du salon, et par laquelle j'entendais parfaitement tout ce qui se disait au coin du feu au-dessous de moi. Quoique je ne fusse que dans ma quinzième année, j'avais assez vu le monde et assez profité de mes études, de mes lectures, des leçons et des entretiens de l'abbé et d'Eusèbe, pour avoir beaucoup plus de tact et d'ouverture d'esprit que n'en a communément un garçon de boutique; ainsi j'avais entrevu confusément les desseins de mademoiselle de Versec sur mon oncle, et je lui en savais très-mauvais gré; car, pour mon intérêt particulier, je désirais extrêmement que mon oncle ne se mariât jamais, et je pouvais raisonnablement l'espérer, mon oncle ayant cinquante-deux ans; et la plus vive affection pour moi. Plusieurs discours d'Eusèbe et le peu d'instruction que je devais à son amitié avaient fait naître en moi une ambition et une vanité fort au-dessus de mon état et de mon âge. J'avais déjà formé dans ma petite tête une infinité de projets : j'étais fort décidé à ne pas rester bijoutier ; je me disais que si mon oncle, sans me rien donner, voulait seulement m'assurer, en bonne forme, sa fortune après lui, je pourrais fort bien épouser une riche fille de finance et devenir fermier général ; enfin je faisais mille châteaux en Espagne sur l'emploi de ma future fortune, qui me paraissait infaillible, pourvu que mon oncle ne se mariât pas. Ainsi le projet de mademoiselle de Versec, sans me causer une véritable inquiétude, me déplaisait infiniment. D'ailleurs, après ce que j'avais éprouvé de mon beau-père, ses cajoleries ne me séduisaient d'aucune manière. On voyait clairement que mon oncle n'avait pas le moindre soupçon de ses projets ; et je compris fort bien que je ferais une maladresse de l'éclairer à cet égard, surtout avec l'intention de la déjouer autant qu'il me serait possible. Je me décidai donc à découvrir le mystère de ces singulières amours; je savais très-bien qu'il est fort malhonnête d'écouter aux portes, mais je me disais qu'il n'y a rien de condamnable à s'asseoir auprès du feu en hiver, et qu'en tisonnant on ne peut pas se boucher les oreilles. J'entendis tout à coup distinctement que tout le monde était parti, et que mon oncle se trouvant tête à tête avec mademoiselle de Versec, s'approchait de la cheminée et s'établissait au coin du feu; alors, dominé par la curiosité, je prêtai une oreille attentive, et je ne perdis pas un mot de leur entretien.

Mademoiselle de Versec commença par dire à mon oncle qu'elle s'étonnait qu'étant aussi *aimable* et aussi *sensible*, il n'eût pas la tentation de se marier; mon oncle répondit bonnement qu'il était bien vieux pour avoir une telle pensée; et sans donner à mademoiselle de Versec le temps de l'assurer qu'il était dans le plus bel âge de la vie, il ajouta qu'il n'avait jamais été amoureux qu'une seule fois: Il y a huit ans, poursuivit-il, que je pris une véritable inclination pour la fille de mon ami, cette même Sophie avec laquelle vous avez dîné aujourd'hui ; elle n'avait que dix-sept ans, et j'en avais quarante-quatre ; la disproportion de nos âges m'effrayait, mais mon cœur était pris. Ses parens auraient certainement agréé ma recherche ; cependant je voulus d'abord consulter Sophie, elle me répondit sans détour, et cet entretien m'apprit qu'elle aimait déjà; c'était ce même jeune homme qu'elle épousera sous peu de jours. Je ne m'étonnai point qu'un joli garçon de dix-neuf ans me fût préféré ; néanmoins je m'en affligeai beaucoup. Je représentai à Sophie que son amoureux, n'ayant ni état ni fortune, ne conviendrait nullement à sa famille ; elle me répondit, ce qu'on dit toujours en pareille occasion, que la *constance triomphe de tout* ; cette espérance, si trompeuse en amour, n'a point été chimérique pour elle ; avec le temps, l'excellente conduite du jeune homme et mes bons offices, les parens de Sophie ont enfin consenti à cette union, et moi, depuis cette époque, j'ai renoncé sans retour au mariage.

Ce discours fait avec la plus grande simplicité, fut un coup de foudre pour mademoiselle de Versec ; elle resta quelques instans sans parole et sans voix ; je la crus suffoquée ; cependant il fallut reprendre l'entretien, elle dit languissamment plusieurs lieux communs sur le mariage et l'amour ; mon oncle, qui ne savait pas causer vaguement, ne répondit que par des monosyllabes d'approbation, et mademoiselle de Versec termina sa visite.

Persuadé que mademoiselle de Versec cesserait de venir chez nous, et même de nous honorer de sa bienveillance, j'étais fort curieux de savoir comment elle s'y prendrait pour sortir de l'intimité qu'elle avait établie entre elle et mon oncle ; car il était convenu que, quatre fois la semaine, ils se rendraient le matin alternativement l'un chez l'autre pour prendre leur chocolat, c'est-à-dire pour déjeuner ensemble. J'étais en quelque sorte le prétexte de ces rendez-vous. Mon oncle me menait avec lui ; mademoiselle de Versec me donnait, pendant cinq minutes, et avec beaucoup de distraction, ce qu'elle appelait une leçon de musique ; de là j'allais chez l'abbé Desforges et chez son élève, j'y restais à peu près une heure, ensuite je revenais pour accompagner mon oncle qui, au bout de ce temps retournait chez lui.

Le surlendemain, jour du déjeûner chez mademoiselle de Versec, nous sortîmes en cabriolet, comme de coutume, à dix heures.

J'avais la plus vive impatience de voir la mine que ferait mademoiselle de Versec; je fus confondu en la trouvant plus affable et plus aimable que jamais; je pensai qu'elle dissimulait, mais cette conduite se soutint constamment pendant tout l'hiver, et je commençai à croire que j'avais mal jugé mademoiselle de Versec, et qu'elle n'avait jamais eu le projet d'engager mon oncle à l'épouser.

J'allai au printemps à Etioles, comme les années précédentes; j'y revis, et non sans émotion, la charmante Edélie, sœur d'Eusèbe; je la trouvai si grandie et si embellie, que je ne pouvais me lasser de la contempler. Elle effaça tout dans les fêtes par ses grâces, ses talens et sa beauté. On déclara à ce voyage qu'elle épouserait, dans le cours de l'hiver, le comte Joseph de Velmas. Combien s'accrut alors mon aversion pour ce jeune homme ! combien il me paraissait peu digne du bonheur qui lui était réservé ! et combien enfin j'enviais en secret les priviléges heureux que donnaient la naissance, le rang et la fortune ! Même avec une belle âme, on est bien près de haïr ce qu'on envie, et j'avoue que, sans mon attachement passionné pour Eusèbe, j'aurais eu, dès ce moment, de la haine contre les nobles ; mais il m'en resta beaucoup d'éloignement pour la société des gens de la cour ; la douceur et l'élégance de leurs manières ne pouvaient plus m'empêcher de sentir la différence de la politesse qui accueille ou de la condescendance qui tolère.

On joua Nanine ; ce rôle fut rempli divinement par Edélie ; on ne me donnait des rôles, à cause de ma jolie voix, que dans les opéra-comiques ; j'allai dans la salle pour admirer tout à mon aise Edélie dans la première pièce, et j'applaudis avec transport, à ces vers :

« L'homme de bien, modeste avec courage,
» Et la beauté spirituelle, sage,
» Sans bien, sans nom, sans tous ces titres vains,
» Sont à mes yeux les premiers des humains. »

Après le spectacle, l'abbé, en attendant le souper, m'emmena sur une terrasse pour me demander pourquoi j'avais applaudi avec tant d'enthousiasme les vers que je viens de citer. Mais, répondis-je avec un peu d'embarras, c'est qu'ils me paraissaient bien beaux ! — *Bien beaux !* reprit l'abbé, c'est ce qu'ils ne sont point. Ils n'expriment qu'une pensée commune très-ridiculement exagérée, car il ne suffit pas d'être un *homme de bien, modeste avec courage*, pour être le premier *des humains*. Si cet homme *courageux* et *modeste* est un ignorant et un sot, il ne méritera nullement d'être placé au premier rang de la société. Ces vers, ainsi que beaucoup d'autres du même auteur, n'excitent les applaudissemens de la multitude que parce qu'ils sont des déclamations contre la cour, les princes et la noblesse. Ils ne vous auraient pas séduit, si vous étiez né dans une classe élevée. Défendez-vous, mon cher Julien, de cette humeur satirique et séditieuse, qui fait chaque jour des progrès si menaçans ; si vous voulez conserver un esprit juste et de la droiture, n'ajoutez point à la sévérité de la morale la haineuse causticité des petits intérêts particuliers. Que l'éclat du rang et de la naissance ne vous empêche pas de blâmer ce qui est répréhensible ; mais que le dépit de ne pouvoir prétendre à de certaines distinctions ne vous inspire pas une extravagante animosité. Ne jugez les choses que par ce qu'elles sont en elles-mêmes ; louez et critiquez sans exagération, et ne vous moquez que de ce qui est dangereusement ridicule.

Cette sage leçon me toucha. Heureux, dans ce temps surtout, qui, à seize ans, en recevait de telles, et qui savait les apprécier ! Ce fut après cette fête qu'Eusèbe, avec le consentement de son père, partit inopinément, sans l'avoir annoncé, pour la Corse. Quoiqu'il ne se destinât point à l'état militaire, il eut envie de faire, comme volontaire, une campagne de guerre, et de voir un pays pittoresque et peu connu. Il m'avait caché ce dessein, parce qu'il était sûr que j'aurais voulu le suivre ; outre qu'il me trouvait trop jeune pour m'emmener, il pensa que mon oncle, dont j'attendais une grande fortune, s'y serait formellement opposé; ainsi, il ne me confia pas ce secret. Son départ, malgré la lettre la plus tendre qu'il m'écrivit, me causa la plus vive douleur; je ne me consolais pas de ne pouvoir partager les périls auxquels il allait s'exposer, mais j'appris avec ravissement ses succès; il resta six mois en Corse, s'y conduisit de la manière la plus brillante, et il fit plusieurs actions d'éclat que j'eus le plaisir inexprimable d'entendre citer partout.

Cependant, après les fêtes d'Etioles et le départ d'Eusèbe, nous retournâmes à Paris; la liaison de mon oncle et de mademoiselle de Versec prit encore un degré de plus d'intimité; mais mademoiselle de Versec, avec des manières plus affectueuses, ne montrait plus de prétentions et de coquetterie, c'était de la simple et pure amitié. Un jour que nous arrivâmes chez elle comme à l'ordinaire pour le déjeuner, nous la trouvâmes avec une personne très-agréable, qu'elle nomma sur-le-champ: c'était sa nièce. Elle nous en avait parlé souvent depuis quelques mois, et avec les plus grands éloges. Mathilde ( on l'appelait ainsi ) était orpheline, filleule du marquis d'Inglar, et fille d'une sœur de mademoiselle de Versec, mariée à un négociant qui était mort insolvable. Le marquis d'Inglar, naturellement bienfaisant, s'était chargé de cette enfant, sans fortune et sans appui; il l'avait fait venir à Paris, à l'âge de huit ans, pour la mettre dans un couvent d'Ursulines, et il avait payé pour elle beaucoup de maîtres; mais comme elle était jolie et à peu près de l'âge d'Eusèbe, l'abbé Desforges avait donné le prudent conseil de la laisser dans son monastère jusqu'à son établissement, et nous ne l'avions jamais vue. Mademoiselle de Versec, en renonçant à l'espérance de séduire mon oncle, eut sur-le-champ l'idée de se substituer sa nièce, et le plaisir de former une nouvelle intrigue et de faire un mariage, la consola du chagrin de rester fille. Elle conduisit cette affaire, sans précipitation, avec un art infini. Mon oncle admira la figure, les grâces et le maintien de Mathilde, qui, de son côté, fut très-aimable pour lui. Il lui fit compliment sur des fleurs et des gouaches charmantes représentant des paysages, de son ouvrage, qui ornaient la chambre de sa tante. Mon oncle, qui dessinait bien, était particulièrement sensible à ce talent que mademoiselle de Versec sut bien mettre à profit.

Le jour de saint Bénigne, fête de mon oncle, mademoiselle de Versec, accompagnée de sa nièce, arriva chez nous; et mademoiselle Mathilde offrit à mon oncle deux beaux tableaux de fleurs peints par elle et parfaitement bien encadrés. Ce présent ravit mon oncle; il donna, le jour même, un magnifique dîner à la tante et à la nièce; cette dernière avait beaucoup loué dans la boutique une chaîne en petits saphirs et en perles fines que mon oncle mit sous la serviette de son couvert à table. Mathilde et mademoiselle de Versec s'extasièrent sur la *grâce* de cette *ingénieuse* galanterie. Après le dîner, Mathilde chanta avec agrément plusieurs jolies romances qu'elle accompagna de la guitare. Tout le monde lui trouva un talent enchanteur, et mon oncle fut bientôt persuadé que mademoiselle Mathilde était la jeune personne la plus accomplie de l'univers. Mademoiselle de Versec confia à mon oncle que sa nièce allait bientôt sortir du couvent, parce que la marquise d'Inglar lui avait obtenu une place de lectrice auprès d'une grande princesse; et là, ajouta mademoiselle de Versec, Mathilde, avec sa figure, ses talens, son esprit, sa raison prématurée et une puissante protection, fera promptement un excellent mariage. Ce récit fit soupirer mon oncle et augmenta beaucoup sa considération pour Mathilde; car, dans ce temps, nous autres bourgeois, nous pensions tous que l'on ne pouvait manquer de faire une grande fortune quand on avait l'avantage d'approcher souvent les princes.

Mathilde étant fille d'un roturier ruiné, mademoiselle de Versec pouvait, sans rougir, avouer le désir de la marier à un honnête homme qui avait plus de quinze mille livres de rentes en maisons et en terres, sans compter son brillant fonds de boutique, et le gain courant de son commerce. Le marquis d'Inglar, parrain de Mathilde, favorisa de tout son pouvoir ce projet de mariage ; il obligea la marquise de se trouver deux ou trois fois le matin, comme par hasard, chez mademoiselle de Versec, afin d'y rencontrer mon oncle, et de lui montrer combien Mathilde était aimée dans la famille. Tout le monde fut d'accord pour la faire valoir; enfin, on parvint à séduire tout-à-fait mon oncle, en lui persuadant que Mathilde avait un grand sentiment pour lui. Il fit, en tremblant, l'aveu de son amour: les paroles furent réciproquement reçues ; le marquis s'engagea à donner le repas de noces et le trousseau de la mariée, et à lui tenir lieu de père à l'autel: tant de gloire et les charmes de Mathilde enivrèrent mon bon oncle, et lui persuadèrent qu'il faisait un excellent mariage.

## CHAPITRE V.

*Tristes réflexions de Julien. — Mariage de son oncle. — Portrait et conduite de Mathilde. — Première intrigue de Julien.*

---

Je ne renonçai pas sans peine à mes projets de fortune, et je souffris d'autant plus, que je n'avais pas le droit de me plaindre, et qu'il fallut dissimuler mon mécontentement. Mon oncle fut d'abord un peu embarrassé avec moi ; mais j'affectai une gaîté dont il me sut un gré infini : alors il entra en explication avec moi ; il me dit que ce mariage me serait très-avantageux dans la suite, par la puissante protection que je trouverais toujours dans ce qu'il appelait la famille de Mathilde. Enfin, il m'annonça qu'il m'assurait vingt mille francs que j'aurais après lui, dans le cas même où il aurait des enfans. Je le remerciai comme je le devais ; et à la fin de cet entretien, il me donna une très-belle montre avec une chaîne et des cachets d'or, ce qui me fit encore plus de plaisir que la promesse des vingt mille francs. Le jour du mariage ( le 25 février 1783 ), en revenant de l'église, où j'avais tenu le *poêle*, la nouvelle mariée me donna avec beaucoup de grâce une petite émeraude montée en épingle. On imagine bien qu'elle-même avait reçu de beaux diamans ; mon oncle, qui *n'avait qu'à se baisser pour en prendre*, lui donna ce jour même de superbes anneaux d'oreilles, un cœur de rubis entouré de brillans, de belles bagues et plusieurs bijoux.

Je fus invité au repas de noces; et, paré d'un habit neuf, avec ma montre et mon épingle, j'y portai une satisfaction de vanité qui me fit oublier, pendant quelques heures, tous mes chagrins particuliers; j'entendis répéter autour de moi que j'avais un air distingué, une jolie tournure, un beau visage, ce qui acheva de me consoler, d'autant plus qu'Eusèbe était de retour de sa campagne en Corse, et que je jouissais délicieusement du bonheur de le revoir et des éloges si mérités que tout le monde donnait à sa conduite; mais en rentrant chez nous, je repris une grande tristesse, en pensant que j'allais trouver notre intérieur bien changé; que je ne commanderais plus dans la maison; que j'y vivrais sous les ordres d'une maîtresse impérieuse qui me donnerait tous les désagrémens que mon beau-père m'avait fait éprouver. Je fus agréablement surpris en recevant de Mathilde l'accueil le plus aimable et le plus amical. Elle m'ordonna de l'appeler *ma tante*, en m'assurant qu'elle en aurait toujours les sentimens.

J'ai naturellement beaucoup de goût pour les arts, et on les cultive toujours avec succès quand on les juge bien et qu'on les aime. Non-seulement je dessinais l'ornement avec beaucoup de pureté, mais je peignais fort bien des camées. Mon oncle, voyant mes dispositions, m'avait fait donner des leçons par *Sauvage*, dont je devins l'un des plus célèbres élèves. Ce talent servit à son négoce, car tous mes camées ornaient différens bijoux de la boutique qui se vendaient très-bien. Mon oncle alors me donna un bon intérêt sur ce travail, ce qui redoubla mon activité.

Mathilde parut charmée de mes camées, et me demanda de lui apprendre à en faire : alors je reconnus avec surprise qu'elle savait à peine les élémens du dessin; je ne lui cachai point qu'avant d'acquérir un joli talent en ce genre, elle aurait besoin de beaucoup de temps et d'une grande application; mais elle trouva le moyen de se passer de l'un et de l'autre ; elle me fit faire les dessins, c'est-à-dire les ébauches sur lesquelles elle appliquait, tant bien que mal, quelques coups de pinceau : après ce beau travail, me confiant qu'elle n'avait pas *assez de patience pour bien finir*, elle me chargeait de terminer les ouvrages auxquels elle mettait ensuite effrontément son nom. Tout cela se passait dans le plus grand mystère et à l'insçu de mon oncle. J'admirais l'adresse avec laquelle, sans rien faire, elle avait l'air de travailler en sa présence ; elle avait presque toujours, dans le tiroir d'une table, deux camées de grandeur égale, représentant le même sujet ; mais l'un était ébauché, et l'autre presque fini. Quand mon oncle s'établissait pour long-temps dans son cabinet, il travaillait lui-même à quelque ouvrage de bijouterie. Alors sa femme se mettait à peindre à l'autre extrémité du cabinet ; après avoir montré à mon oncle l'ébauche qu'elle allait, disait-elle, finir : au bout d'une heure et demie ou de deux heures, elle se levait, elle portait à mon oncle l'autre camée presque fini ; et mon oncle, ravi d'admiration, s'écriait que cela était inconcevable, merveilleux, et que s'il ne la voyait pas travailler sous ses yeux, il ne croirait pas qu'au bout de deux ou trois mois de leçons, on pût faire de tels chefs-d'œuvre dans un genre tout nouveau, car il n'y avait aucun rapport entre des paysages d'une assez grande dimension et des camées en miniature. Mon oncle poussait l'enthousiasme jusqu'à soutenir que les camées de Mathilde surpassaient de beaucoup les miens. Au moins, lui disais-je, j'ai la gloire d'avoir fait une bonne écolière : Oui, répondait-il, mais ne te flatte pas d'en faire jamais une semblable ; on ne rencontre pas deux fois de telles dispositions.

Mathilde m'avait demandé tout simplement le secret, parce que, disait-elle, si l'on savait que vous *retouchez* mes ouvrages, on dirait que vous les faites. Cette crainte était d'autant mieux fondée, qu'on aurait assurément dit la vérité ; et je pensai en moi-même qu'elle avait *fait* ainsi les belles gouaches qu'elle avait données à mon oncle, et je ne me trompais pas. Au reste, j'eus toute la discrétion qu'elle pouvait désirer; elle m'en récompensait, en me traitant avec beaucoup de douceur et d'amitié, en m'enseignant à jouer de la guitare, et en me faisant de temps en temps de jolis présens.

Mathilde n'était pas belle; sa figure manquait de régularité; mais elle était grande, bien faite; elle avait un visage agréable, et la physionomie la plus spirituelle et la plus piquante. Sans avoir une âme sensible, elle n'avait cependant point un mauvais cœur; quand on ne blessait pas sa vanité, ou qu'on ne contrariait pas ses desseins; elle était douce, obligeante, d'une parfaite égalité d'humeur, d'une gaîté très-aimable. Elle n'avait ni un esprit étendu, ni de véritables talens; mais je crois que jamais personne n'a possédé comme elle l'art de se faire valoir et de conduire une intrigue. Elle avait une extrême coquetterie, des prétentions en tout genre, et une ambition sans bornes. Malgré son habileté naturelle, Mathilde avait, en affaires, l'inconvénient de tous les gens dépourvus de principes; elle ne croyait ni à la vertu ni à la délicatesse;

d'une pénétration surprenante pour découvrir les intentions et les pensées d'un intrigant et d'un fripon, elle manquait de tact avec les honnêtes gens, dans lesquels elle supposait toujours de la dissimulation ou de l'hypocrisie, quand elle ne les croyait pas des imbéciles. Ces faux calculs lui ont fait faire dans le cours de sa vie un grand nombre de bévues et d'imprudences. Je m'accordais fort bien de son caractère que je ne connaissais encore que très-imparfaitement. J'étais occupé sans relâche ; j'avais pris mon parti sur la succession de mon oncle ; notre intérieur me paraissait beaucoup plus agréable qu'avant son mariage, et je me trouvais heureux. Mais un dangereux voisinage causa pendant quelque temps beaucoup de distractions dans mes études et dans ma vie. Jusque-là, mon oncle avait veillé avec le plus grand soin sur mes mœurs ; j'allais bien rarement seul dans les rues; nos deux garçons de boutique faisaient toutes les commissions, et je ne sortais qu'avec mon oncle, qui ne me menait aux spectacles qu'une ou deux fois dans l'année. Mais mon oncle marié, et passionnément amoureux, était infiniment moins vigilant, et me laissait beaucoup plus de liberté ; d'ailleurs, j'avais dix-sept ans, et l'on me permit de faire de loin en loin quelques visites dans notre rue où nous connaissions plusieurs marchands ; mais je n'allais que dans la boutique de parfumeur attenant la nôtre ; je trouvais là une nouvelle fille de comptoir, âgée de seize ans, dont la jolie figure et les regards animés avait fait sur moi une vive impression. Adeline (c'était son nom) m'attirait souvent chez ses maîtres ; j'entendis le langage de ses beaux yeux noirs, et elle comprit fort bien les mots que je lui disais à la dérobée. Elle me donnait en secret de petit flacons d'essence et des sachets ; et un jour Mathilde me dit, en souriant, que depuis quelque temps j'étais bien *parfumé*. Je vis avec embarras que les dons indiscrets d'Adeline trahissaient le mystère de nos amours ; je rougis, et je répondis, en balbutiant, qu'en effet j'allais quelquefois chez le parfumeur, notre voisin. Oui, reprit-elle, et la petite

Adeline est gentille !... Mais, Julien, poursuivit-elle, pourquoi cette rougeur et cet air déconcerté ? Vous me croyez donc un dragon ? Vous vous trompez ; nous sommes trop jeunes tous les deux pour avoir l'austérité des gens qui *ont cinquante-trois ans*. Nous ne ferons rien de criminel ; mais, pour l'agrément de notre intérieur, il faut nous entendre, et tout ira bien. Ce discours m'ôtait mon embarras, et cependant il me déplut. Malgré mon peu d'expérience je sentis parfaitement combien il était déplacé dans la bouche d'une femme mariée, quelque jeune qu'elle fût. Cependant, ne voulant point avoir à ses yeux l'air de la pédanterie, et très-curieux de savoir le sens qu'elle attachait à l'invitation de *nous entendre*, je me mis à rire et je la questionnai à ce sujet. Elle me dit sans façon qu'il fallait cacher à mon oncle une infinité de *petites choses très-innocentes au fond*, mais qui pourraient scandaliser un homme de son âge. J'aurais bien voulu qu'elle m'eût expliqué quelles étaient ces *petites choses* ; mais, en conservant toute sa gaîté, toujours en riant et souvent aux éclats, elle ne me répondit jamais que vaguement. Le résultat de cet entretien fut la promesse mutuelle d'une parfaite discrétion. Elle ne mit d'abord la mienne à l'épreuve que par de petites moqueries (quand nous étions tête à tête), sur les amis de mon oncle et même sur lui, et les prétentions de mademoiselle de Versec. Elle n'avait retenu des leçons de cette dernière que ce qui se rapportait aux manières et au langage. Mathilde n'avait nullement un *ton bourgeois*; et celui de mon oncle lui paraissait souvent ridicule; nous faisions surtout des gorges chaudes sur les bonnes et vertueuses bourgeoises de notre société; sur leur *mignardise* ; sur leur doigts en *aile de pigeon* ; leurs petites *bouchées* qui n'auraient pas suffi à la bouche d'un enfant de trois ans, leurs prétentions de manger à peine de quoi subsister ; sur l'importance qu'elles mettaient à leur blanchissage ; sur le bouleversement que causaient chez elles les jours solennels consacrés à la lessive; sur l'esprit dominateur des maîtresses de maison, dont tous les usages, toutes les façons de parler, retracent et peignent la fierté des connaissances du ménage, celle de la possession, et cet empire suprême qui n'admet ni partage, ni conseils, ni représentations. Il est vrai que l'on devait sans peine tolérer ces petits ridicules en faveur des bonnes mœurs, mais Mathilde ne connaissait pas ce genre d'indulgence.

## CHAPITRE VI.

*Suite de l'intrigue de Julien avec Adeline. — Portrait de Mathilde. — En revenant un matin du jardin des Tuileries, Julien sauve la vie à une enfant. — Quelle était cette enfant. — Brouillerie de Mathilde et de Julien.*

MATHILDE ne se borna pas à me montrer de la *discrétion*, elle devint la protectrice de mon intrigue avec Adeline ; lorsqu'elle savait que mon oncle devait sortir pour affaires, elle m'en avertissait obligeamment, et je donnais mes rendez-vous en conséquence. Quand mon oncle rentrait, il ne s'informait jamais qu'à elle de ce que j'avais fait en son absence, et elle rendait toujours le compte le plus favorable de ma conduite. Quoique je profitasse de cette condescendance, elle ne m'en paraissait pas plus estimable, et je pensais confusément que Mathilde, en agissant ainsi, avait un motif particulier que je découvrirais avec le temps.

Mademoiselle de Versec venait assez souvent dîner chez nous. La conversation de la tante et de la nièce, en présence de mon oncle, m'amusait extrêmement. Mathilde la mettait toujours sur quelque point de morale, et elle montrait une sévérité de principes et un rigorisme dont mon pauvre oncle était véritablement enthousiasmé. Il avait toujours les larmes aux yeux, lorsqu'avec la gravité d'un prédicateur, elle soutenait ces belles thèses. Mademoiselle de Versec s'attendrissait aussi; et, comme madame de Sottenville, s'adressant à un autre George-Dandin, mais beaucoup plus crédule que celui de Molière, elle lui répétait qu'il était trop heureux d'avoir une telle femme. Je demandai un jour à Mathilde comment, à son âge, elle en savait tant; et elle me conta qu'élevée aux Ursulines, elle avait été fort *niaise* jusqu'à seize ans; son esprit, jusqu'alors, ne s'était montré que par des espiégleries de pensionnaires, sévèrement punies, et qui lui avaient attiré une multitude de réprimandes et de sermons de mademoiselle de Versec, chargée par le marquis d'Inglar de la gronder, parce qu'il recevait sans cesse, des inflexibles religieuses, des plaintes contr'elle; qu'enfin, une parente du marquis, mariée dans une province, et devenue veuve, ne pouvant plus supporter la ville où elle avait perdu un époux adoré, était arrivée à Paris pour s'y mettre dans un couvent, afin d'y vivre dans une profonde solitude, uniquement livrée à la religion et à sa douleur. Le marquis, poursuivit Mathilde, charmé de la douceur et de la piété de cette dame, que l'on appelait la baronne de****, imagina qu'une personne de vingt-huit ans, si vertueuse, aurait plus de pouvoir sur moi que des religieuses sévères, et il la conjura de me prendre en pension dans son appartement. La baronne qui ne possédait qu'un très-modique revenu, avait de grandes obligations au marquis ; elle attendait encore de lui d'importans services; elle accepta sans hésiter cette proposition, en promettant de veiller sur moi avec tout le soin dont elle était capable. Les Ursulines, consacrées à l'éducation de la jeunesse, tenaient de nombreuses classes de pensionnaires, mais n'en recevaient point en chambre. La baronne avait choisi un couvent où l'on n'avait point de classes. On me tira de mes tristes Ursulines pour me placer là sous la surveillance de cette jeune et jolie veuve qui gagna bientôt ma confiance et mon amitié. Je m'aperçus promptement qu'elle avait beaucoup de tact et de finesse dans l'esprit. Quand le marquis venait la voir, elle prenait le ton et le maintien d'une Artémise ; aussitôt qu'il avait le dos tourné, elle riait aux éclats et disait mille folies. Cependant, elle s'occupa de mon éducation; elle me fit lire de jolis romans qui m'ont beaucoup formé l'esprit; son entretien était encore plus instructif. Quand elle me vit tout-à-fait déniaisée, elle me fit sortir avec elle, en disant, dans le couvent, qu'elle allait visiter une amie très-malade, la veiller, passer la nuit près d'elle, et que nous ne reviendrions que le lendemain matin. Nous sortîmes à cinq heures après midi ; nous allâmes à la comédie, de là souper chez une jeune femme qui se portait fort bien; et qui, après le souper, nous mena au bal de l'opéra. Lorsqu'à huit heures du matin nous rentrâmes au couvent, les religieuses s'attendrirent en nous voyant les yeux battus et l'air excédé de fatigue ; elles louaient notre sensibilité et l'*œuvre charitable* que nous venions de faire. La baronne répondait, d'un ton modeste, qu'une action si simple ne méritait aucun éloge, et qu'elle était toute prête à recommencer. Nous retrouvâmes ainsi, tout l'hiver, de vertueux prétextes pour nous absenter toutes les semaines, à la grande édification des religieuses ; et, durant la belle saison, un médecin prescrivant les bains à la baronne, nous fournissait sans cesse les moyens d'aller nous divertir à la campagne. Je passai ainsi dix-huit mois fort agréablement, et chaque jour plus contente de mon mentor. Mais, un beau matin, elle sortit sans moi et ne revint plus ;

elle se sauva en Angleterre avec un milord qui est immensément riche. Heureusement que je n'avais plus besoin de ses leçons, j'en savais autant qu'elle. Le marquis d'Inglar comprit si peu qu'une personne, disait-il, *si sage* jusqu'alors, et qui m'avait donné de si bons exemples, eût été capable d'une telle action, qu'il crut qu'on l'avait enlevée, et je le confirmai dans cette opinion par tout ce que je lui contai de l'*austérité* de sa vertu.

Mathilde fit cet étrange récit avec toute la simplicité d'une profonde corruption (1); j'en fus épouvanté. J'avais eu la faiblesse de rire de ses moqueries sur les personnes que je devais respecter ; elle me voyait une petite intrigue ; et, comme il n'y avait déjà plus pour elle de nuances dans le mal, et qu'elle me trouvait de l'esprit, elle me supposa tous ses sentimens et toutes ses opinions. Elle réservait son hypocrisie pour *les sots* ; non-seulement elle ignorait com-

---

(1) Celle qui se trouve dans les mémoires de madame d'Epinay.

bien le manque absolu de pudeur et de principes enlaidit une femme, mais elle se faisait de son intrépide dépravation un moyen de plaire ; elle la montrait gaîment à ceux qu'elle outrageait par son avilissante estime. L'aveu d'une faiblesse aurait pu m'intéresser ; mais le sang-froid dans le déréglement et les vanteries du vice m'inspirèrent un invincible dégoût, et de ce moment elle me devint odieuse. Je rougissais de mon intimité avec elle ; cependant je ne voulais pas la rompre, du moins brusquement ; ainsi, sans m'expliquer, je me contentai de faire, sur son expérience prématurée, quelques plaisanteries qu'elle prit pour de l'admiration et des éloges.

Je songeais secrètement à sortir de chez mon oncle ; je confiai ce désir et mon mépris pour Mathilde à mon jeune protecteur, le vicomte d'Inglar, qui me dit de prendre patience ; que sous un an il se marierait, et deviendrait son maître ; qu'alors je vivrais avec lui en qualité de secrétaire, et que si je voulais me livrer sérieusement à l'étude, il se chargerait de ma fortune;

qui serait toujours pour lui l'un de ses plus chers intérêts. Cet entretien me rendit une émulation qui, depuis quelque temps, s'était fort ralentie en moi ; je me sentais né pour être quelque chose de mieux qu'un bijoutier, et l'amitié d'Eusèbe m'élevait au-dessus de moi-même ; elle était pour moi un véritable ennoblissement. J'avoue pourtant que je ne cessai pas entièrement de voir Adeline ; mais elle n'eut plus le pouvoir de me faire perdre autant de temps. Je déclarai à mon oncle que j'étais décidé à me placer secrétaire chez le vicomte d'Inglar, qui se destinait à la carrière diplomatique ; ce qui pouvait me conduire à être un jour secrétaire d'ambassade, et qu'ainsi je le suppliais de me dispenser de tout travail de bijouterie ; que j'aurais toujours l'œil sur les ouvriers, mais que, pendant l'année que l'on me donnait pour faire des études nécessaires, je voulais, non-seulement m'y consacrer, mais déclarer à tout ce que je connaissais, à quel état je me destinais. Mon oncle me dit avec douceur que je sacrifiais *à la gloriole* une fortune assurée. Je persistai, et il me donna de bonne grâce son consentement. Je fis part à tous mes amis de ce changement dans ma situation, et entre autres à Durand, ce jeune homme qui avait épousé cette charmante Sophie, fille de l'ami de mon oncle dont j'ai déjà parlé. Durand, très-honnête et très-aimable garçon, avait beaucoup d'esprit et un goût passionné pour la littérature, qu'il trouva toujours le moyen de cultiver au milieu des affaires : j'étais intimement lié avec lui ; il fut charmé de me voir abandonner ma boutique, et proposa, pour me familiariser avec le monde, de me mener dans une maison où se rassemblait un grand nombre de savans et de beaux esprits.

J'ai vu, depuis la révolution, beaucoup de jeunes gens, persuadés que les hommes de la cour de *l'ancien régime* étaient d'une ignorance honteuse. Il est vrai qu'ils ont pu rencontrer parmi les vieux courtisans deux ou trois personnages dont l'érudition ne va pas jusqu'à savoir l'orthographe ; mais le grand nombre fait honneur à l'antique éducation ;

et, quand on a pu voir le duc de Nivernois (auteur de jolies fables), MM. de Choiseuil, de Montesquiou, de Boufflers, de Vaudreuil, de Bissy, le prince de Beauvau (1), les comtes de Tressan, de Caylus (l'antiquaire), de Thiars de Shomberg (2), Descars, de Genlis, le chevalier de Chatelux, MM. de S\*\*\*\*; quand on peut voir encore MM. de la R\*\*\*\* F\*\*\*\*\*\*\*, de M\*\*\*\*\*\*\*\*\*\*; MM. L\*\*\*\*, T\*\*\*\*\*\*\*, de L\*\*\*, de C\*\*\*\*\*\*\*\*, de S\*\*\*\*, etc., ce dénigrement est aussi ridicule qu'injuste.

Outre les gens de la cour que je viens de nommer, on voyait encore chez madame de \*\*\* beaucoup d'hommes distingués par leur esprit et par leur éducation, qui, sans aller à la cour, tenaient aussi au corps de la noblesse par leur naissance : M. de Pompignan, l'évêque de Puy, son frère (auteur de très-beaux sermons), l'abbé de Vauxelles, auteur d'excellens discours et du meilleur

---

(1) De l'Académie française.

(2) L'homme le plus instruit et même le plus érudit qu'on ait vu dans la société.

éloge qu'on ait fait de madame de Sévigné; M. le marquis de Saint-Lambert, MM. de Bougainville, de Guibert, de Condorcet, de Rhullière, etc., etc. Madame de *** faisait parfaitement les honneurs de ce bureau d'esprit. Dans ma première visite, je l'entendis parler au comte de Tressan de ses agréables romans, au chevalier de Chatelux, de son livre intitulé de la *Félicité publique* ; au marquis de Montesquiou, de ses comédies de société ; à M. Guibert de sa *Tactique* et de sa tragédie; à M. de Rhullière, de ses vers et de ses ouvrages historiques ; au comte de Genlis, de ses jolies chansons (1); au comte d'Escars, de son dernier *vaudeville*, vrai chef-d'œuvre dans son genre, parce qu'il est à la fois également piquant, spirituel et moral, et fait sur l'air le plus difficile à parodier (*tôt, tôt, tôt, battez chaud* du Maréchal ferrant), chaque couplet renfermant quatre petits vers de trois syllabes. L'auteur a tracé rapidement, avec une énergie, une verve, un talent incomparables, dans sept couplets,

---

(1) Dont M. de la Harpe fait l'éloge en en citant une dans sa correspondance.

l'histoire d'*Elmire* (une femme galante).
Voici le dernier couplet :

« Dans ce fatal abus du temps,
Elle a consumé son printemps ;
La coquette d'un certain âge
N'a point d'amis, n'a plus d'amans.
En vain de quelques jeunes gens
Elle ébauche l'apprentissage.
　　Tout est dit,
　　On en rit,
　　L'amour fuit ;
　　Quel dommage !....
Elmire, il fallait être sage ! »

Quand un grand seigneur, jeune et beau, pense et s'exprime ainsi, il faut avouer qu'on peut dire :

« *S'il était roturier, que serait-il de plus ?* »

Et, lorsqu'à la même époque, on voit à la cour tant de gens, distingués dans tous les genres, réunir à tant de mérite des grâces si éminemment *françaises*, on n'a guère le droit, quarante ans après, de se moquer de la *jeune noblesse d'autrefois* ; et j'ajouterai, pour l'honneur de la classe roturière, qu'à cette époque les jeunes gens plébéiens valaient bien en esprit et en instruction ceux d'aujourd'hui, puisque cette classe a produit une telle quantité de savans, d'artistes et de gens de lettres, que, si l'*enseignement mutuel*, comme on nous l'assure, quintuple ce nombre, l'esprit, le savoir et les talens seront si universels dans vingt-cinq ans, qu'il ne sera plus possible de trouver des hommes assez simples pour tailler de la pierre ou faire des souliers. Hâtons-nous donc de construire des magasins de meubles et de vêtemens, et de bâtir des maisons avec l'antique solidité; car le torrent des lumières, prêt à fondre sur nous, pourrait bien nous réduire à la nécessité de nous passer de tout le *vil matériel* de la vie, et ne nous laisser pour parure que des clinquans usés, et pour tout refuge que des ruines.

Un matin que je revenais seul des Tuileries, où j'avais donné rendez-vous à la jeune Adeline, j'aperçus, en approchant des guichets du Louvre, une petite fille de cinq ou six ans, bien mise, et toute seule, qui tomba devant le cheval d'un cabriolet à toute course, qui allait certainement passer sur elle si je ne me fusse élancé avec impétuosité entre elle et le cheval que je fus assez heureux pour arrêter au moment où il allait écraser cette enfant..... Une voix impérieuse sortie du cabriolet s'écria : *Rangez-vous*.... c'était celle du comte Joseph de Velmas. Je ne l'écoutai point, je retins toujours d'une main ferme le cheval, tandis que de l'autre je relevai l'enfant en pleurs, que je reconnus avec la plus vive émotion !.... Le comte, de son côté, me reconnaissant aussi, et prenant un ton radouci, m'appela par mon nom comme pour entrer en explication ; mais, sans m'approcher de lui, je lui fis une profonde révérence : ensuite lui tournant le dos, je m'éloignai précipitamment, en portant la petite fille dans mes bras, qui, en me prodiguant ses innocentes caresses, inondait de larmes mon visage ; c'était Casilde, ma petite sœur. Sa bonne, mademoiselle Lise, l'avait laissée avec une troupe d'enfans inconnus, en lui recommandant de l'attendre là ; et, comme tant d'autres jeunes *bonnes*, Lise avait sans doute été rejoindre un amant qu'elle n'osait recevoir à la maison. Elle s'était oubliée dans cet entretien ; et, pendant ce temps, Casilde, impatientée, se mettant à courir dans le jardin, et se trouvant près de la porte, était sortie en errant au hasard jusqu'aux guichets du Louvre. Je me hâtai de chercher un fiacre, afin de ramener promptement l'enfant à ma mère; mais une grosse pluie, qui survint tout-à-coup, rendit pendant long-temps ma recherche inutile; enfin saisissant une voiture, j'allai de toute la vitesse d'un fiacre, dans la rue des Lombards. Mademoiselle Lise, m'ayant devancé, avait déjà fait à mon beau-père une histoire qui *prouvait* qu'elle n'était coupable d'aucun tort en revenant sans l'enfant qu'on lui avait confiée. Quand j'entrai dans la boutique, je trouvais ma mère baignée de larmes; je lui rendis la vie en remettant Casilde dans ses bras; mais mon beau-père l'en arracha aussitôt pour lui donner le fouet, afin de lui apprendre à obéir une autre fois à sa vigilante bonne. J'allais m'opposer à cette brutalité, lorsqu'un geste suppliant de ma mère me retint : je compris qu'après mon départ, Casilde aurait toujours le fouet, et que, de plus, ma pauvre mère serait maltraitée. Ainsi, je contins mon indignation : j'embrassai tristement ma mère, et je sortis à l'instant même sans proférer une seule parole. Je n'eus pas plus de succès chez nous, quand je fis à table le récit du danger qu'avait couru Casilde ; je censurai vivement la manie du comte de Velmas, qui allait toujours en cabriolet à tombeau ouvert, et qui, dans sa *voiture anglaise*, se faisait précéder par un grand danois, qui, à ma connaissance, avait déjà culbuté deux ou trois personnes. Mathilde prit vivement le parti du comte ; elle soutint que les gens à pied n'étaient renversés que par leur faute, et les enfans par celle de leurs conducteurs, et que par conséquent les *seigneurs de la cour* n'étaient pas responsables des imprudences *des piétons*. Comment ! repris-je, un vieillard bien faible et bien débile qui n'a ni assez d'agilité pour éviter un lévrier, ni assez de force pour résister au choc impétueux de cet animal, ce pauvre vieillard, lorsqu'il est renversé, n'est qu'un imprudent, et *l'élégant seigneur* n'a aucun tort ? — Les vieillards ne doivent sortir qu'en fiacre. — S'ils sont trop pauvres pour en prendre et pour avoir une servante?— Alors, qu'ils restent chez eux... — S'ils ont des affaires?... — Julien, interrompit mon oncle avec un ton sévère, je suis étonné que vous teniez tête ainsi à votre tante; cette nouveauté ne m'est pas du tout agréable. Laissez-le dire, mon ami, reprit Mathilde, sa taquinerie m'amuse. — En vérité, ma belle, vous le gâtez, et ce n'est pas la première fois que je vous le dis.— Que voulez-vous, mon ami; pour m'en faire ressouvenir, il faudrait me le répéter sans cesse; un cœur sensible rend souvent la tête si dure!... Cette antithèse sentimentale toucha tellement mon oncle, qu'il n'aurait pu parler sans répandre des larmes. Il prit la main de sa femme et la serra affectueusement dans les siennes; je crus l'entendre sangloter tout bas. Mathilde le baisa au front; et, m'adressant la parole : Comme il est bon! dit-elle; auprès de lui nous sommes de vrais vauriens.... Cette petite gaîté fit sourire mon oncle; il tira son mouchoir, s'essuya les yeux en disant : Quel ange! quel ange!...

Cette scène, qui m'aurait tant amusé

dans une maison étrangère, ne me donna pas la moindre envie de rire; j'étais indigné du manége et de la fausseté de Mathilde, et l'étrange duperie de mon oncle me faisait souffrir.

Cependant, en réfléchissant à la vivacité avec laquelle Mathilde avait pris le parti du comte Joseph, je soupçonnai qu'elle avait ou qu'elle voulait avoir quelque intrigue avec lui. Il devait cependant épouser, sous peu de mois, l'une des plus charmantes personnes de Paris, la jeune Edélie, fille du marquis d'Inglar, parrain et bienfaiteur de Mathilde; mais c'étaient là de bien petites considérations pour la plus coquette de toutes les intrigantes. Le comte Joseph, sous prétexte de voir les modèles de parures de diamans qu'il devait commander pour son mariage, venait souvent à la boutique, et je me rappelai plusieurs choses qui confirmèrent mes soupçons.

Le lendemain de ma dispute avec Mathilde, elle me prit à part pour me gronder avec douceur d'avoir critiqué le comte Joseph. Tout ce qui appartient à la famille d'Inglar, me dit-elle, a des droits à mon amitié : ce qui ne vous empêche pas, repris-je, de vous moquer souvent d'eux...—Oui, répondit-elle, de votre ami Eusèbe, qui est un vrai pédant... — Vous savez que sur celui-là je n'entends pas raison, et je vous répéterai toujours que le vicomte d'Inglar est à mes yeux le modèle de la perfection dans la jeunesse. — La perfection, comme vous l'entendez, est la chose la plus insipide et la plus ennuyeuse ; et pour moi plaire est la perfection. J'aime mille fois mieux le naturel et la vivacité du comte Joseph que la froideur et l'affectation de son cousin. — Le vicomte n'est ni froid ni affecté.—Laissons-le avec sa *perfection ;* parlons du comte Joseph.—Oui, je crois que c'est là ce qui vous tient au cœur.—Je serais ingrate, si je n'accordais pas quelque retour à l'attachement qu'il a pour moi. — Et... quel est le genre de cet attachement ?...—Le plus touchant et le plus pur.—*Le plus pur,* cela va sans dire ; mais le plus touchant, j'en doute...—Vous avez tort... Nous en restâmes là ; mon oncle, qui rentrait, mit fin à cette conversation qu'il nous fut impossible de renouer, parce que mon oncle resta toute la journée à la maison. Je me promis bien de faire expliquer nettement Mathilde. J'entrevoyais sans peine qu'il était question d'amour entre elle et le comte ; mais j'étais persuadé qu'il n'y avait encore de sa part que de la coquetterie. Elle ne sortait qu'avec mon oncle, ou dans sa voiture, avec son cocher et suivie d'un domestique ; et, dans ce cas, c'était toujours pour aller le matin chez sa tante, ou pour se rendre à l'église, car elle affichait beaucoup de piété. Elle ne recevait jamais en particulier le comte ; et s'il venait en l'absence de mon oncle, elle descendait dans la boutique pour lui parler, et jamais le comte n'avait mis le pied dans son appartement. J'étais bien jeune, et il me parut impossible que cette intrigue, nouvellement commencée, pût être encore tout-à-fait criminelle. Je me flattais sottement de ramener Mathilde à la raison et à son devoir par l'intérêt de son bonheur, car déjà je la connaissais assez pour ne rien attendre de ses sentimens et de sa vertu ; et, pour tout dire enfin, je croyais encore qu'en arrachant à Mathilde l'aveu de son secret le plus intime, je l'enchaînerais à toutes mes volontés, que j'acquerrais sur elle un ascendant suprême qui, par ricochet, m'en donnerait un à peu près semblable sur mon oncle, et m'assurerait à jamais le plus grand empire dans la maison. Mon intention n'était pas d'y rester, mais je comptais bien en profiter pour ma fortune, en me faisant donner une bonne pension quand j'en sortirais, ce que je désirais moins par intérêt que par fierté ; je voulais être non-seulement au-dessus de tout besoin en m'attachant à Eusèbe, mais assez à mon aise pour n'accepter de lui que sa table et un logement. Sur le soir, mon oncle me parla aussi en particulier de la discussion de la veille. Écoute, mon enfant, me dit-il, je n'aime pas plus que toi les cabriolets, les chiens, les coureurs, et ces siéges de voitures anglaises, si ridiculement élevés, que, si les cochers en tombaient, ils se casseraient bras et jambes : toutes ces folies des jeunes seigneurs de la cour ne servent qu'à les faire haïr du peuple et de toutes les personnes raisonnables ; en bonne police, de telles extravagances devraient être défendues. Mais ma femme, qui a l'honneur d'être alliée à la maison d'Inglar, a été élevée à trouver cela fort simple; elle chérit cette famille, et sa manière de voir à cet égard ne peut être celle de nous autres bourgeois. Sa reconnaissance pour tout ce qui tient aux Inglar est si vive, qu'avec tout son esprit elle ne s'aperçoit pas que ce petit comte Joseph est à beaucoup d'égards un franc étourdi; je ris sous cape quand je vois le fonds prodigieux d'estime qu'elle a pour lui et sur tous les points, mais ses motifs sont si respectables, qu'il ne faut pas la contrarier là-dessus. D'ailleurs, le comte Joseph a des sentimens dignes de sa naissance; il aura une immense fortune, il sera duc et pair. Tu vois, quand il vient ici, comme il nous traite, et quelle considération il a pour ma femme; cela mérite bien tous nos égards: ses petits travers passeront avec le temps, et nous aurons la protection d'un des plus grands seigneurs de la cour. Mais, mon oncle, répondis-je, vous ne prétendez ni à des emplois ni à des places; à quoi vous servira cette protection?... Comment diable! reprit vivement mon oncle, à quoi elle me servira? A doubler, à tripler le gain de mon négoce....—Mais vous voulez le quitter et vous reposer, ou du moins ne l'entretenir que pour avoir l'intérêt de votre argent et pour faire vivre vos ouvriers, c'est-à-dire, sans vous fatiguer et ne travailler qu'à votre aise.—C'était mon projet; cependant, quand je puis ajouter une grande fortune à une grande aisance, je serais bien sot de ne pas profiter d'un tel bonheur.—Comment donc? mon oncle.—Mon ami, je n'ai pas seulement fait un mariage d'inclination, et l'alliance la plus honorable, une alliance qui me donne un prodigieux relief dans mon état, et qui te sera, et à tes enfans, un jour, d'une utilité incalculable...—*Mes enfans!* et je ne suis pas marié...—Cela viendra, cela viendra, à ton âge, on ne prévoit rien; au mien, on voit d'un coup d'œil tout l'avenir. Je te dirai donc qu'en épousant la filleule et l'*alliée* du marquis d'Inglar, et la personne la plus vertueuse et la plus accomplie de Paris, j'ai fait aussi, du côté des intérêts pécuniaires, un très-grand mariage... Il ne faut pas ricaner, Julien, quand je vous parle sérieusement... ajouta mon oncle en s'interrompant avec un air sévère. — Ah! pardon, mon oncle, repartis-je, pardon, je croyais que vous plaisantiez... Je prononçai ces paroles avec une expression qui apaisa sur-le-champ mon oncle. — Non, non, mon enfant, reprit-il, je ne plaisante point du tout; tu ne vois, dans le mariage que j'ai fait, que deux choses : d'abord que ma femme ne m'a point apporté de dot, et ensuite que j'ai fait beaucoup de dépenses en l'épousant; il fallait donner un écrin et remeubler à neuf notre appartement; il fallait une voiture à la propre nièce de mademoiselle de Versec, cousine des Inglar : cela ne m'a coûté qu'un cheval de plus, l'achat d'un berlingot et les gages d'un cocher. Voilà ce qui t'a frappé; et tu n'as pas calculé les avantages inappréciables de cette alliance : premièrement, la fourniture de diamans de deux grandes noces... — Celle du vicomte d'Inglar vous était assurée... — Tu le crois, c'est une erreur; demande plutôt à ma femme, elle te dira que, sans mon mariage, je ne l'aurais pas eue. Ainsi donc, voilà déjà deux grands profits ; mais ce n'est rien : imagine que j'aurai sûrement la pratique de la reine...— De la reine?.. — Oui, de la reine ; cela te passe!... — Et le joaillier de la couronne?... — On le gardera ; mais j'aurai de commande toutes les parures de fantaisie ; cela est immense, et c'est sur ces objets-là qu'on gagne le plus ; les gros diamans et les belles pierres ont, comme tu le sais, un tarif connu ; les petites pierreries secondaires n'en ont point ; le goût et la monture font principalement leur prix... — A qui avez-vous donc cette obligation?— Au comte Joseph. En mille choses il est étourdi comme un hanneton, mais il est incapable de mentir ; on peut bien dire qu'il a le cœur sur la main. Il a parlé à la reine ; la chose est faite. Bien plus, outre les beaux diamans commandés pour son mariage, il prend une parure d'émeraudes et de brillans ; tu la lui porteras demain sans faute, à midi : je suis obligé de sortir à dix heures pour une affaire qui me retiendra jusqu'à deux ; ainsi, tu iras à ma place ; je ne puis confier un objet de cette importance à un autre. Il l'achète un prix fou : quarante mille francs. Les jeunes gens de cette volée ne marchandent rien.—Quarante mille francs ! et comptant ? — C'est tout comme, ce sera dans un mois, la veille du mariage. Les présens de noces se paient toujours bien, ce sont les pères qui donnent l'argent : néanmoins, cette parure est une galanterie qu'il veut faire à la future à l'insçu des parens. Le papa donne pour quatre-vingt mille francs de diamans et de bijoux ; il trouve que c'est bien assez ; de sorte que le jeune comte n'offrira la parure d'émeraudes qu'en particulier, le lendemain du mariage ; c'est un secret entre ma femme, toi et moi. C'est une jolie idée et un beau cadeau.— Pourquoi est-il si pressé de l'avoir ?—Pour le montrer à la reine ; il va demain tout exprès à Versailles. Tu conçois l'importance d'être exact à l'heure indiquée : midi précis.

Malgré la confiance de mon oncle, qui était extrême pour les fils de ducs *cordons bleus*, je trouvai quelque chose de louche et d'extraordinaire dans l'histoire de la parure d'émeraudes, et je promis de questionner là-dessus Mathilde.

Le lendemain matin, Agathe, femme de chambre de Mathilde, vint elle-même m'apporter mon chocolat; elle me présenta, sur un plateau, une cafetière d'argent avec mon chiffre, six cuillères à café de vermeil, et un déjeuner complet tout neuf en belles porcelaines de Sèvres, en me disant que sa maîtresse, sachant qu'on avait cassé ma tasse à chocolat, m'envoyait ce déjeuner qu'elle me priait d'accepter. Je ne compris pas trop l'àpropos; mais je n'en fus pas moins charmé du présent. Une demi-heure après mon déjeuner, à neuf heures trois quarts, mon oncle entra dans ma chambre pour me remettre l'écrin qui contenait la superbe parure d'émeraudes. Il me félicita sur le beau présent que je venais de recevoir, en me rappelant tous ceux que m'avait déjà faits Mathilde qui croyait, disait-il, que ce n'était pas encore assez reconnaître la complaisance que j'avais eue de lui donner des leçons de camées. Il me vanta sa générosité, son amitié pour moi, et il me mena chez elle pour la remercier. Il nous laissa deux minutes après pour aller à son rendez-vous, et je me trouvai avec sa femme. Elle me parla sur-le-champ de la parure d'émeraudes : Je suis bien aise, me dit-elle, que vous soyez chargé de la porter; je désire beaucoup vous rapprocher de lui.... Quand vous vous connaîtrez, vous vous aimerez; il a vraiment de la grandeur d'âme; sa générosité est extrême; et, avec l'existence qu'il aura dans le monde, sa protection peut vous mener à tout. Il vient d'entrer dans la société de la reine ; soyez sûr que, d'ici à deux ou trois ans, vous lui verrez un crédit immense. Ainsi, ne repoussez point sa bienveillance, vous l'aurez bientôt toute entière, je vous en réponds.

Comme je voulais faire expliquer Mathilde, je ne l'interrompis point, et j'écoutai ce discours d'un air persuadé. Quand elle eut cessé de parler : — De grâce, lui dis-je, faites-moi comprendre comment il est possible que le comte Joseph, n'aimant nullement la femme qu'on lui destine, ait eu l'idée de lui faire un présent particulier, si cher et si inutile, puisqu'on lui donne de si beaux diamans? — C'est précisément parce qu'il ne l'aime point, répondit Mathilde, qu'il a ce procédé. *L'amour ne se commande pas*, il n'en a point pour elle, et il est décidé à la dédommager du sentiment qu'il lui refuse, par toutes les attentions nobles et délicates qui plaisent tant aux jeunes personnes. — Des *attentions* de quarante mille francs sont un peu difficiles à soutenir dans un ménage. — L'occasion de celle-ci est unique et solennelle. Enfin, avec ce plan de conduite, il lui ôtera tout moyen de se plaindre. — Il l'enrichira au lieu de la rendre heureuse, et il se ruinera pour lui fermer la bouche? Cela est nouveau. — Savez-vous, Julien, que vous devenez très-caustique? — C'est votre faute; j'ai trouvé que la moquerie avait tant de grâce dans votre bouche, que j'ai voulu vous imiter; je suis votre élève. — Vous irez loin, je vous le prédis... mon cher Julien... Nous ne nous entendons pas encore *parfaitement*, c'est dommage. — C'est encore votre faute; moi, je vous dis tout, et vous vous tenez toujours sur la réserve. Par exemple, je ne sais pas encore *au juste* quel est le sentiment que le comte Joseph a pour vous ; est-ce de l'amour?—Ecoutez-moi bien, Julien, si vous pensez que la défiance m'empêche de vous ouvrir mon cœur, vous vous trompez. Que puis-je craindre ? une trahison, et que vous ailliez tout dire à votre oncle ? Il ne vous croirait pas ; il ne verrait, dans votre dénonciation, qu'une exécrable calomnie et une infâme ingratitude envers moi. Songez à l'empire absolu que j'ai sur lui, et vous ne douterez pas de cette vérité. A ces mots, elle s'arrêta, et je gardai le silence. Ce raisonnement, qui me frappa beaucoup, m'ôta subitement l'idée que je pourrais la dominer par son secret, du moins autant que je me l'étais figuré. Cette rapide réflexion anéantit l'importance que j'avais attaché à sa sincérité ; mais la curiosité me resta, je voulus la satisfaire ; et, reprenant la parole : Qui peut donc vous arrêter, lui dis-je, et pourquoi vous obstiner à ne m'instruire qu'à demi de vos projets et de vos sentimens?—Je crains en vous un reste de niaiserie d'enfant, et de petits préjugés qui s'opposent à tout et qui ne sont que des lieux communs, morale usée des dupes et des sots. — Parlez, parlez avec assurance ; je vous proteste que je n'ai pas le moindre préjugé. Ce mot la décida ; il voulait dire pour elle que je n'avais aucun principe. — Eh bien, reprit-elle, vous allez tout savoir. Voici mes projets : d'acquérir une grande célébrité d'esprit et de talens ; de doubler en quatre ou cinq ans la fortune de votre oncle, par un débit immense que je suis sûre de lui procurer par mes liaisons ; cela fait, de quitter le négoce ; d'obtenir pour votre oncle une belle place dans la haute finance, et de me trouver maîtresse d'une grande et brillante maison, dont je ferai les honneurs de manière à attirer la meilleure compagnie par mes agrémens, d'élégans soupers et des fêtes. Quant à mes sentimens, les voici : votre oncle est un bon homme, et je suis décidée à lui faire goûter toujours le bonheur d'une complète crédulité ; la nature l'a formé pour celui-là ; il en jouira dans toute sa plénitude jusqu'au tombeau. Pour moi, qui n'ai que vingt ans, il m'en faut un autre, et j'y dois pourvoir. J'ai le cœur sensible ; j'ai inspiré au comte Jeseph la plus violente passion, et...—Vous la partagez?—J'en suis touchée...—Et comment vous voyez-vous?—De mille manières, et sans cesse. —Et tête à tête?—Se voit-on avec un tiers?...—Vous me confondez! Quel art vous avez! et que vous êtes étonnante!... Mathilde sourit, croyant, dans la bonne foi de sa perversité, que je l'admirais profondément.—Julien, me dit-elle, unissons nos talens, notre jeunesse et notre imagination, et nous ferons des prodiges. Si vous n'aviez pas été si jeune et si naïf encore, ce n'est pas le rôle de confident que j'aurais voulu vous donner; mais quand je me suis mariée, il y a deux ans, vous n'étiez qu'un enfant; et, peu de mois après, j'étais engagée avec le comte Joseph. Au reste, ajouta-t-elle en riant, un engagement d'amour n'est qu'un bail.—Oui, repris-je sur le même ton, un bail qui n'est jamais *emphytéotique*.—Ni même de *six et neuf ans*; au bout de *trois*, il finit fort honorablement. —Vous n'en avez plus que pour dix-huit mois?—Avant de le rompre, je veux que le comte *fasse*, ou du moins commence vo-

tre fortune. J'ai mis cela dans ma tête ; vous n'aurez qu'à faire exactement tout ce que je vous dirai, et je vous en réponds. D'abord, en lui remettant cet écrin, vous lui ferez un petit mot d'excuse sur la manière brusque avec laquelle vous l'avez quitté avant-hier, quand vous avez arrêté son cabriolet ; il vous recevra avec grâce; vous lui direz que je vous ai chargé de le prévenir que je suis forcée de changer l'heure convenue, et qu'au lieu *de neuf heures, ce sera à une heure après midi.* Il saura ce que cela signifie... — Je le crois, car moi, je le sais parfaitement. Vous voulez changer l'heure d'un rendez-vous ? — Comme vous êtes pénétrant !... Aussitôt qu'on vous a confié un secret, vous le devinez. — Et vous prétendez que je fasse cette commission ? — Oui, parce qu'elle vous sera mille fois plus utile que vous ne pouvez l'imaginer ; elle établira sur-le-champ, entre vous et le comte, une véritable intimité ; en voyant ma confiance en vous, il vous donnera toute la sienne.
—Je puis écouter vos confidences, mais je repousserais avec le dernier mépris toutes

les siennes en ce genre; il n'y a point de sacrifice que je ne fusse capable de faire pour vous rendre à vos devoirs, et pour vous décider à rompre une intrigue qui finira par vous déshonorer et par vous perdre. Jugez, si dans cette occasion, je suis disposé à vous obéir?... Ce discours terrassa Mathilde; elle me regardait fixement sans me comprendre et sans me croire.
—Julien, dit-elle enfin, perdez-vous la tête?... Quelle est votre idée? Est-ce artifice, est-ce jalousie?... Etes-vous amoureux de moi?.... Comme elle faisait cette singulière question, la pendule sonna midi; je me levai précipitamment, en l'assurant à la hâte que je n'étais ni jaloux ni amoureux; et muni de l'écrin de pierreries, je sortis en courant. J'allai chez le comte Joseph, je ne lui fis point *d'excuses*. Je n'entrai point en conversation; je lui remis froidement l'écrin, en lui demandant un reçu qu'il me donna, et je le quittai sur-le-champ.

Mathilde conserva pendant deux ou trois jours l'idée que j'étais amoureux d'elle; enfin, lorsqu'elle fut entièrement dissuadée, elle ne me montra ni dépit ni colère, mais, malgré son excessive fausseté, je vis bien que, ne cherchant qu'un complice dans un confident, elle ne me regardait plus que comme un ennemi, et que, désormais, elle saisirait, avec son adresse accoutumée, toutes les occasions de me nuire.

## CHAPITRE VII.

*Événement inattendu.—Grands coups de théâtre.*

Le mariage du comte Joseph était au moment de se conclure; on n'attendait plus que l'arrivée de son père, le duc de Velmas, qui était en Lorraine, dans une de ses terres; mais une lettre apprit que le duc, tombé dangereusement malade, était à la mort; alors le comte Joseph partit précipitamment pour aller le rejoindre. Huit jours après, Mathilde, un matin, revenant de chez sa tante, et passant sur la place du Carrousel, aperçut un élégant *vis-à-vis* brisé et une jolie dame à pied, entourée de tous les passans arrêtés auprès d'elle ; comme la livrée de cette dame qui avait un très-beau nom, était fort connue, Mathilde se précipita sur le cordon de sa voiture, on arrêta, et Mathilde fit offrir à madame la baronne de Blimont de la mener où elle voulait aller. La baronne reçut très-gracieusement ce message ; mais elle demanda au domestique le nom de sa maîtresse, et, lorsqu'elle apprit que c'était madame Delmours, femme du fameux bijoutier, elle accepta sur-le-champ. Elle vint trouver Mathilde, fit un million de remercîmens avec beaucoup de grâce, s'établit dans la voiture, donna son adresse rue Basse-du-Rempart, et l'on partit aussitôt.

Le monde exagère souvent en bien ainsi qu'en mal, parce que l'exacte et simple vérité ne lui paraît jamais assez piquante pour la conversation. Le désir de conter des choses singulières et le bavardage ont produit autant de calomnies que la méchanceté, et autant d'éloges outrés que la flatterie. Mademoiselle de Versec avait beaucoup vanté sa nièce dans la société, et Mathilde avait la réputation d'une per-

sonne extraodinaire par l'esprit et les talen[ts]
on disait de plus dans le monde, pour re[n]
dre plus singulier son mariage avec un b[i]
joutier, qu'elle était fille d'un bon genti[l]
homme de province, et l'on ajoutait que m[on]
oncle avait plus d'un million de bien. La b[a]
ronne de Blimont avait entendu conter tout[es]
ces choses; et, comme elle n'avait aucune r[e]
lation avec la famille du marquis d'Ingla[,]
elle les croyait toutes sans restriction. Ain[si]
elle fit à Mathilde l'acceuil le plus aima[ble]
et le plus caressant, et annonça qu'elle ir[a]
le lendemain chez elle lui renouveler to[us]
ses remercîmens. Arrivée chez la baron[ne]
Mathilde voulut à toute force la recondu[ire]
dans son appartement, et elle fut émervei[l]
lée de l'élégance et de la somptuosité d[e]
l'intérieur de son hôtel, étincelant de glaces[,]
de dorures, et parfumé d'un bout à l'autr[e]
Mathilde remarqua tout, jusqu'à la nom[-]
breuse livrée, et au suisse avec son large ba[u]
drier, ouvrant pesamment et majestueuse[-]
ment les deux lourds battans d'une grand[e]
porte-cochère.

Mathilde fut transportée de cette aventu[-]
re, et, en entrant, elle nous la conta avec

emphase et ravissement; car les grands noms et les titres lui causaient encore plus d'enivrement qu'à mon oncle.

La baronne vint comme elle l'avait annoncé; elle désira voir avec détail tout le magasin : elle acheta pour deux mille écus de bijoux qu'elle paya comptant en bons billets de la caisse d'escompte, ce qui acheva de lui donner auprès de mon oncle la plus haute considération. Elle combla Mathilde de caresses, et lui répéta mille fois qu'elle voulait la revoir, et souvent, et faire de la musique avec elle. Alors Mathilde, emportée par son enthousiasme, osa lui proposer de lui faire l'honneur de venir passer une soirée chez elle : la baronne y consentit sans difficulté; le jour fut fixé, et la baronne, en s'en allant, nous laissa tous dans une espèce d'ivresse de sa grâce et du charme de sa bonté. J'avoue que je la partageai, car j'eus part à son affabilité d'une manière remarquable, que mon oncle et sa femme attribuaient à la *passion* qu'elle avait prise pour Mathilde; mais ma petite vanité me persuada intérieurement qu'elle avait été surprise et frappée de ma tournure et de mes manières, et cette idée me flatta excessivement. Nous ne parlâmes, à dîner, que de cette ravissante personne. Comme elle est intéressante et sensible! s'écriait Mathilde; et jolie! ajoutais-je; et magnifique! disait mon oncle. Tu vois, Julien, si les gens de la cour marchandent?... — Et remarquez, mon ami, reprit Mathilde, qu'avant de venir, elle avait eu l'intention formelle d'acheter ici pour six mille francs, car aucune femme ne porte sur elle cette somme; mais voulant payer comptant, elle avait pris ces billets..... Quelle délicatesse!.... — Oui, répondit gravement mon oncle en avalant un verre d'anisette, cela est vraiment délicat! et le tout à cause de vous, ma belle!... Je demandai à Mathilde si elle savait quel âge avait la baronne: Je ne connais d'elle, répondit-elle, que son nom, l'un des plus beaux de la cour, et son rang. Je sais d'ailleurs qu'elle a un état de maison qui annonce une fortune immense; elle m'a dit qu'elle était veuve depuis quatre ans. Je suppose qu'elle a vingt-sept ou vingt-huit ans; il est possible qu'elle soit encore plus jeune.

La supposition de Mathilde ne me parut pas vraisemblable; il me semblait que la baronne, avec un regard si tendre, un son de voix si doux, avait tout au plus vingt et un ou vingt-deux ans.

Mathilde n'eut plus qu'une idée, celle de préparer une soirée charmante, et nous n'avions pour cela que cinq jours! Elle désirait passionnément que le comte Joseph pût en être; d'abord pour en augmenter le bon air, et ensuite pour jouir à ses yeux, du triomphe de donner à souper à la brillante baronne de Blimont. Mathilde persuada facilement à mon oncle qu'il fallait l'inviter pour ce grand jour. Nous espérions qu'il pourrait venir parce qu'on nous dit, chez lui, que le duc, son père, était hors de danger, et qu'on attendait le comte tous les jours. Mathilde, malgré l'intimité de sa liaison, n'en savait pas plus que nous à cet égard: très-légère dans ses discours, elle était d'une extrême prudence pour écrire: d'ailleurs elle savait mal l'orthographe; et, pour ne compromettre ni son esprit ni sa réputation, jamais, jusque-là, elle n'avait écrit à ses amans. Nous tînmes conseil sur les autres personnes que l'on pourrait inviter; je proposai la jeune Sophie, qui s'appelait madame Durand; mais Sophie avait une voix charmante et chantait à merveille. Mathilde, qui voulait chanter aussi, craignit d'être éclipsée par elle, et n'en voulut point. Elle refusa de même toutes les personnes que mon oncle lui désigna, ne les trouvant pas d'assez bon air; elle dit qu'il fallait se borner à un *petit comité*, parce que la conversation en serait plus animée et la musique plus agréable. En conséquence, elle n'invita que mademoiselle de Versec, M. de Lorme, ancien instituteur du comte Joseph, qu'elle se promit de présenter à la baronne comme un savant et un bel esprit, enfin, elle mit encore sur sa liste un vieux conseiller au parlement, ami de mademoiselle de Versec, et sa femme âgée de cinquante ans, et uniquement, je crois, parce qu'ils avaient une voiture, et que leurs gens portaient une livrée. Elle ajouta qu'avec cela, si le comte Joseph *arrivait à temps*, et si nous pouvions avoir G\*\*\*\*, si ravissant par son chant, si aimable par sa gaîté, le souper serait parfaitement composé et la soirée délicieuse. G\*\*\*\* ne résista point aux avances et aux pressantes prières d'une jolie femme ; il promit de venir et tint parole. Je fus choisi, comme ayant la plus belle écriture de la maison, pour écrire les billets d'invitation, et l'on n'oublia pas d'en envoyer un, à tout hasard, à l'hôtel du comte Joseph ; ensuite on ne fut plus occupé que de l'arrangement de la maison. Tout fut frotté, nettoyé à neuf ; le matin de ce jour solennel, on remplit des plus belles fleurs tous les vases du salon ; et, quelques heures après, on fit une grande fumigation de bois de sandal et de cèdre sur l'escalier et partout. Pendant ce temps on préparait le souper le plus recherché et le plus agréable. Je m'acquittai de bonne grâce, et avec zèle, de tous les soins dont me chargea Mathilde, qui était si enivrée de l'honneur qu'elle allait recevoir, que toute sa rancune contre moi me parut entièrement dissipée ; mais je me refusai positivement au désir que me témoigna mon oncle de donner au dessert un *plat de mon métier*, c'est-à-dire une corbeille remplie de pastilles, certain qu'il ne manquerait pas de dire, comme il le faisait toujours, en offrant des sucreries : *C'est de l'ouvrage de mon neveu.* J'éprouvais un étonnant redoublement de vanité, et je ne me souciais pas du tout que, dans cette soirée, on rappelât si directement mon origine.

Dès six heures du soir, nous commençâmes nos toilettes ; mon oncle mit sa perruque la mieux pommadée et la plus poudrée, son plus bel habit, ses deux montres, ses deux bagues de brillans et ses boucles d'or. Mathilde fut coiffée par Léonard, et moi par Gardane (1) et, tous trois triomphans, nous nous établîmes à huit heures dans le salon magnifiquement éclairé. Les premiers qui arrivèrent furent le conseiller et sa femme ; c'étaient des gens rangés qui se retiraient toujours de bonne heure. Ensuite survinrent successivement MM. de Lorme, G**** et mademoiselle de Versec plus parée, plus ajustée, plus *bouffante* que jamais, quoiqu'elle ignorât qu'elle dût souper avec la baronne de Blimont, parce que depuis huit jours, elle n'avait

---

(1) Célèbres coiffeurs du temps.

pas vu sa nièce. Il ne manquait plus que la reine de la fête. Mathilde qui avait la dignité de se contenir, ne l'avait point annoncée ; mais Dieu sait avec quelle impatience nous l'attendions !... Tout à coup une voiture s'arrête à la porte ; mon oncle et moi nous nous précipitons pour aller recevoir la baronne : c'était elle en effet. Nous la trouvâmes descendue de voiture ; mon oncle s'empare d'elle et l'entraîne rapidement ; je marchais derrière, et nous entrons dans le salon en faisant annoncer à haute voix madame la baronne de Blimont. Mathilde s'avance avec empressement ; tous les yeux se fixent sur la belle baronne, et, en la contemplant de près à la vive clarté de vingt bougies, mon oncle, Mathilde et moi, nous restons stupéfaits de saisissement et de surprise !... Nous reconnaissons, sur sa tête, sur sa gorge et à ses bras, la parure d'émeraudes que j'avais portée au comte Joseph, et qu'il devait donner, nous avait-il dit, à sa future épouse !... Mille pensées confuses, très-défavorables à la baronne, se présentèrent en foule à notre imagination.... Cependant il fallait dissimuler ; d'ailleurs il n'était pas impossible qu'une explication détruisît ces étranges soupçons. Mathilde, faisant un puissant effort sur elle-même, prend la baronne par la main et la conduit à la place qui lui était destinée ; en même temps elle lui présente sa tante, mademoiselle de Versec ; et cette dernière, au lieu de s'approcher de la baronne avec cette effusion de cœur qu'elle avait constamment pour les grandes dames, recule deux pas d'un air glacial et se contente de faire une petite révérence bien sèche. Mathilde, tout-à-fait décontenancée, s'assied à côté de la baronne, qui, prenant pour une timidité bourgeoise l'embarras universel qu'elle remarque sur tous les visages, se hâte de parler, afin d'établir la conversation, elle dit qu'elle est venue tard, parce qu'elle a été faire une visite au Palais-Bourbon. — Voilà donc pourquoi, madame, lui dit Mathilde, vous êtes si parée ; ce collier et ces aigrettes sont d'une beauté rare : le prix en doit être énorme ? — Quatre-vingt mille francs, reprit nonchalamment la baronne ; j'ai acheté ces pierreries, il y a six mois en Angleterre, et voici la première fois que je les porte. La baronne mentait évidemment, puisqu'il n'y avait que quinze jours que nous avions livré la parure d'émeraudes. J'aurais pensé, repartit Mathilde, qu'elles ne vous auraient pas coûté tant d'argent. A ces mots, prononcés d'un ton sensiblement ironique, tout le monde sourit, à l'exception du conseiller et de sa femme, qui, paisibles habitans du Marais, ignoraient complètement la chronique scandaleuse du grand monde. La baronne s'aperçut qu'elle ne devait plus compter sur l'enthousiasme qu'elle avait inspiré d'abord; et sans en chercher la raison, elle se promit de payer d'effronterie, résolution qui ne lui coûtait nul effort. En jetant les yeux dans le salon, elle aperçut G****; elle lui dit milles jolies choses avec la grâce la plus séduisante; elle se leva, le prit sous le bras, l'entraîna au piano et s'assit à côté de lui. Je m'étais placé derrière Mathilde, assise entre mademoiselle de Versec et la baronne. J'allais suivre cette dernière, mais je m'arrêtai pour écouter le petit dialogue suivant, dont je ne perdis pas une seule syllabe. Mademoiselle de Versec, se penchant vers l'oreille de Mathilde, lui dit tout bas : Se peut-il que vous receviez une telle femme et que vous fassiez tant de frais pour elle? — Comment une femme de la cour.... — Elle n'y va plus que dans les jours de cohue, et, chez les princes, que lorsque leurs maisons sont ouvertes à tout ce qui a été présenté. Mais d'ailleurs, cette femme, depuis la mort de son mari, est tout-à-fait bannie de la bonne compagnie... — Est-il possible!.... — Elle est déshonorée sans retour.... — J'ignorais..... — Il fallait me consulter, je vous aurais dit qu'elle a tourné la tête du comte Joseph, il y a six semaines, et qu'elle est si vile que nous craignons tous qu'elle ne le ruine. M. de Lormé est confondu de trouver ici cette créature.... — Grand Dieu !.... vous lui direz.... — Je raccommoderai cela. Votre extrême innocence sera votre excuse. Cette conclusion de mademoiselle de Versec me donna une telle envie de rire, que je m'éloignai brusquement pour ne pas éclater. Mathilde, anéantie, resta dans son fauteuil pendant plus d'une heure, immobile, silenieuse et glacée. Rien ne manquait à son humiliation et à son chagrin; au lieu d'un triomphe éclatant, elle était couverte de honte et de confusion; nos apprêts, nos recherches d'élégance, tout ce que nous avions préparé pour cette soirée devenait du plus grand ridicule; enfin, Mathilde découvrait une rivale préférée, et une rivale charmante par sa figure, ses manières et ses talens. Ce tableau était aussi moral que curieux. J'ai souvent pensé depuis, que si l'on connaissait la vie entière de toute femme audacieusement engagée dans les routes du vice, on y verrait une infinité de scènes humiliantes de ce genre, qui lui font payer cher de frivoles succès et de honteux triomphes. Tandis que Mathilde dévorait en secret, avec désespoir, son dépit mortel et sa colère, G****, comme à son ordinaire, chantait divinement avec cette originalité qui, dans tous les arts, est le génie d'un grand talent. Il invita la baronne à chanter; elle y consentit, et ce fut avec une voix si brillante et un charme si particulier, que tous les hommes l'applaudirent avec transport et à plusieurs reprises. Le vieux conseiller même fut ému, et jura que depuis la fameuse *Lemaure*, il n'avait jamais entendu de voix semblable. Mathilde, qui s'était flattée de briller avec ses romances et sa guitare, fut forcée de sentir toute son infériorité, et refusa de faire de la musique, en se plaignant, d'un ton aigre et maussade, d'une violente migraine.

Mademoiselle de Versec qui, malgré son mépris pour la baronne, mourait d'envie de se faire entendre sur le piano, m'invita tout bas à chanter un duo avec la baronne, pour achever, dit-elle, *de remplir cette singulière soirée*. Je lui répondis que je ne demandais pas mieux si elle voulait m'accompagner; elle y consentit, en se donnant, aux yeux de la compagnie, tout le mérite de la complaisance. Elle alla au piano; et, avec tous les airs de grande musicienne, elle parcourut le clavier en demi-tons, et fit deux ou trois autres gammes. La baronne loua à l'excès la vitesse et la légèreté de ses doigts, et mademoiselle de Versec, de ce moment, commença à la regarder de meilleur œil. Nous chantâmes le duo qui était dans le genre le plus sentimental; je ne faisais que la seconde partie : la baronne mit dans la sienne tant d'expression, que tout le monde, à l'exception de Mathilde, fut vivement touché, et surtout mademoiselle de Versec qui, charmée des éloges de la baronne, et voulant d'ailleurs montrer combien elle était sensible à l'attrait de la musique (grande prétention des amateurs), exagéra beaucoup son attendrissement. Nouveau triomphe de la baronne qui acheva de désespérer Mathilde. L'annonce du souper mit fin à la musique. On passa dans la salle à manger. La baronne, ayant tourné toutes les têtes, sentit ses avantages, et fut charmante à souper; on ne s'occupa que d'elle; l'entretien fut gai, animé et toujours décent; la seule Mathilde, rêveuse, distraite, et d'une complète maussaderie, n'y prit aucune part. De temps en temps la baronne lui demandait des nouvelles de sa migraine. Mathilde balbutiait quelques monosyllabes; elle était aussi décontenancée qu'irritée; elle succombait sous le poids et sous l'ascendant de l'expérience, de l'audace, de l'usage du monde et des grâces de sa rivale; elle aurait pu dire :

« Mon génie étonné tremble devant le sien. »

Elle ne songeait qu'à abréger le souper mais en vain ; la baronne le prolongeait en contant de petites histoires, pleines de sel et de gaîté, et qui ravissaient les convives. G**** la secondait parfaitement ; et, au bout de cinq quarts d'heure, on n'était encore qu'à l'entremets, lorsque la porte de la salle à manger s'ouvrit avec fracas, et l'on vit paraître le comte Joseph, arrivé depuis une heure de Lorraine et se rendant à l'invitation qu'il avait trouvée chez lui ; il était encore en habit de voyage, et fit là-dessus, en entrant, une phrase de compliment, qu'il n'acheva pas, parce que, ses yeux se portant sur la baronne, il demeura pétrifié en la voyant là avec la parure d'émeraudes. La baronne ne montra pas le moindre embarras ; elle l'appela en riant, et dit qu'il fallait lui faire une place à table. On se serra ; le comte, effrayé des sombres regards de Mathilde et du froid accueil de mon oncle, ne sait quel parti prendre ; je me lève, je lui offre ma place, il la refuse ; enfin je l'établis en face de la baronne, et je m'assieds auprès de lui. Cependant, la gaîté de la baronne redouble ; on porte des santés ; la baronne et G\*\*\*\* complotent d'enivrer mon oncle et ils en vinrent à bout ; mon oncle se déride, s'égaie, reprend sa bonne humeur, devient galant pour la baronne ; on rit, on chante des rondes et des canons ; et l'on serait resté à table de très-bon cœur une partie de la nuit, si Mathilde, outrée, excédée, suffoquée, ne se fût levée de table ; mon oncle pouvait à peine se tenir sur ses jambes. Mathilde vient le prendre, l'emmène d'autorité ; tous les deux disparurent et ne revinrent plus. On ne rentra point dans le salon, chacun s'en alla de son côté ; ainsi se termina cette soirée mémorable.

## CHAPITRE VIII.

*Suite du précédent.—Projet de vengeance de Mathilde.—Visites chez la baronne de Blimont.—Présence d'esprit de Julien.*

Le lendemain, Mathilde passa une grande partie de la matinée à gronder, d'abord mon oncle, auquel elle reprocha durement son intempérance de la veille. Mon oncle, qui avait de l'humeur, se plaignit de son côté qu'elle eût introduit chez lui la maîtresse entretenue du comte Joseph, ce qui prouvait, dans ce jeune homme prêt à se marier, un déréglement qui lui donnait beaucoup d'inquiétudes sur les quarante mille francs qu'il lui devait. Ce fut la première fois que mon oncle se permit de parler d'un ton sévère, et la querelle fut très-vive.

Mademoiselle de Versec vint dans la matinée tout exprès pour faire à sa nièce des leçons qui furent très-mal reçues. Après cette visite, Mathilde me fit appeler. Je la trouvai se promenant à grands pas dans sa chambre ; elle était si pâle, ses yeux étaient si gonflés, qu'elle me fit pitié, quoique j'eusse été charmé la veille de la voir si complétement humiliée. Elle se jeta dans un fauteuil en mettant son mouchoir sur ses yeux ; je crus que son cœur souffrait, et le mien fut ému. Je m'assis à côté d'elle, en prenant une de ses mains que je pressai dans les miennes... — Oubliez-le, lui dis-je.... — Oui ! reprit-elle avec véhémence, quand je serai vengée!... Ces paroles m'ôtèrent tout mon attendrissement; je vis qu'il n'y avait en elle, que de l'orgueil et de la fureur.—Ah! Julien, reprit-elle, quel monstre!... et à quelle vile créature il me sacrifie!.....—Mais cette femme, au fait, ne devrait vous paraître qu'une personne *sans préjugés*....— J'espère que vous ne me comparez pas à une femme entretenue?... —*Entretenue* est bien dur; recevoir un présent n'est pas se faire entretenir....—Un présent de quarante mille francs? et qu'elle a cru de quatre-vingts, car il a eu la bassesse de lui persuader qu'il avait employé cette somme...— Peut-être lui fait-elle aussi des présens magnifiques...— Je vous répète qu'il est reconnu, m'a dit M. de Lorme, que cette femme a les mœurs et toute la conduite d'une courtisane. Quand on a l'immense avantage d'être née dans une classe élevée, il faut être dépourvue de toute fierté, de génie, et même d'esprit, pour se rabaisser ainsi! Ah! si le sort m'eût mise à sa place, j'aurais eu la noble ambition d'arriver au premier rang de la société; devenue veuve, j'aurais épousé un prince du sang royal, et peut-être aurais-je conquis un trône. — Un trône ? — Pourquoi pas? En voyageant dans toute l'Europe, parmi tant de rois, serait-il donc impossible de trouver un sot ou du moins une dupe?... Cette saillie qui me fit rire, suspendit un instant sa colère; mais aussitôt reprenant un ton sérieux : Julien, dit-elle, vous n'avez jamais aimé le comte, et il vous déteste; vous pourriez nous venger...— Comment ? — Vous plaisez excessivement à cette femme; je l'ai vu, et je m'y connais. Supplantez ce scélérat.—Je crois bien que sans fatuité, on peut se flatter de parvenir à plaire à cette sirène pendant *quelques momens*; mais moi, fils d'un confiseur et neveu d'un bijoutier, je ne *supplanterai* point un homme si brillant par sa naissance et son rang.—Parlons vrai; ces avantages-là éblouissent surtout les bourgeoises, et non les personnes nées dans cette classe.—Mais celle-ci aime les présens de quatre-vingt mille francs, et à moins que je ne dévalise la boutique de mon oncle...—Vous êtes assez joli garçon pour vous passer de donner des écrins il faut seulement trouver un moyen pour vous introduire chez elle.—Cela est fait ; elle m'a invité à aller passer la soirée chez elle, mercredi prochain.—Cela est parfait, et vous voyez qu'elle a des desseins sur vous. Ainsi, vous irez mercredi ; vous écrivez comme un ange, vous lui écrirez jeudi une superbe déclaration d'amour ; vendredi, elle vous donnera des espérances qui pourraient se réaliser samedi. Mais, loin de brusquer l'aventure, il faut achever de lui tourner la tête : je vous dirai comment on séduit une coquette...—En cela, je ne puis certainement avoir de meilleur guide. —Vous jouerez la passion, la jalousie effrénée seulement du comte ; vous exigerez qu'il soit renvoyé. — Elle n'y consentira pas.... — Pardonnez-moi ; elle ne l'aime pas, j'en suis sûre ; il est fat et ennuyeux... —Vous ne l'avez pas toujours jugé ainsi... —Je ne l'ai jamais vu autrement ; je n'ai cédé qu'à la passion que je lui croyais pour moi. La baronne est piquante et spirituelle ; soyez certain qu'elle en est déjà excédée. Vous obtiendrez ce sacrifice ; elle en prendra peut-être un autre plus riche que lui ; vous fermerez les yeux là-dessus, vous serez l'amant de choix, l'amant aimé. Cette femme, qui a du manége, des manières, achèvera de vous former. Elle est intrigante et s'occupera de votre fortune. Vous aurez humilié notre ennemi ; que d'avantages !.... sans compter que les d'Inglar et les Velmas vous sauront un gré infini d'avoir brouillé cet écervelé avec cette dangereuse créature.

Je n'avais nulle envie de m'engager dans une telle intrigue ; mais je me laissai entraîner par l'idée que, si je repoussais cette proposition, Mathilde pourrait croire que je craignais de m'exposer au ressentiment du comte Joseph : ainsi, les ménagemens pour l'opinion d'une femme que je méprisais souverainement l'emportèrent sur mes principes et sur mes dégoûts. En réfléchissant mûrement à la conduite que je devais tenir en me déclarant le rival du fils d'un duc et pair, je pensai que le comte chercherait à m'écraser par la supériorité de son rang et par des épigrammes sur ma naissance ; et je me décidai à lui ôter ce moyen, non-seulement en ne tâchant point de cacher mon origine et la profession que j'avais exercée, ce qui était impossible, mais en les rappelant quelquefois gaîment et de bonne grâce. C'est le parti le plus sage et le plus noble que puissent prendre les parvenus, et le seul qui les mette à l'abri des moqueries de l'envie et de la malveillance. Dans le monde, pour avoir un ridicule, il faut deux choses : l'impertinence qui veut le donner, et l'embarras qui le reçoit. C'est une balle qui, repoussée tranquillement avec adresse, retombe sur celui qui l'envoie.

J'allai donc, au jour indiqué, chez la baronne de Blimont, et à sept heures du soir. J'y trouvai, outre la maîtresse de la maison, quatre femmes très-parées, chassées du grand monde, ainsi que la baronne; mais les hommes, au nombre de quinze ou seize, étaient de très-bonne compagnie; il y avait des gens de la cour, des financiers, de beaux esprits, des artistes distingués. La baronne m'accueillit avec sa grâce accoutumée; et sans doute, pour justifier mon introduction dans sa société, elle vanta beaucoup le service que lui avait rendu, sur la place du Carrousel, madame Delmours, qu'elle appela ma tante; elle fit aussi un grand éloge du souper que nous lui avions donné; et, un instant après, j'entendis qu'elle disait, à demi-bas, à deux ou trois personnes, que *j'avais été élevé* avec le vicomte d'Inglar, dont j'étais l'*ami intime*; enfin, que j'étais *un jeune homme très-remarquable* par l'esprit et les talens, et que mon oncle, qui était *immensément* riche, devait m'acheter une grande charge dans la haute finance. Ce soin de me faire valoir me prouvait toute sa bienveillance, et je tâchai, par des manières simples, modestes et réservées, de confirmer la bonne opinion qu'elle donnait de moi.

Le comte Joseph n'arriva qu'à huit heures et demie. Il fut surpris et embarrassé en me voyant. Il avait écrit, le matin, à mon oncle, une lettre très-ridicule et pleine de mensonges, pour expliquer pourquoi et comment la baronne se trouvait en possession des émeraudes, et il avait annoncé dans cette lettre qu'il ne pourrait payer les quarante mille francs que dans sept mois. Cette circonstance réprimait un peu sa hauteur et sa fatuité; il n'avait nulle envie de braver le neveu d'un créancier mécontent. On se mit à jouer, et je me retirai fort content de ma visite. Mathilde me persécuta vainement pour écrire ma déclaration, je voulus encore attendre. La baronne m'avait invité à un *souper dansant* pour le surlendemain : je ne manquai pas d'y aller; je fus charmé d'y rencontrer mon ami Durand, le mari de la belle Sophie qu'il se gardait bien d'amener dans cette maison. Je fus étonné de voir là un jeune homme aussi sage que Durand. Il me dit que, si je voulais aller déjeuner chez lui le jour suivant, il me conterait pourquoi il venait assez souvent chez la baronne, et nous nous donnâmes rendez-vous pour le lendemain matin à neuf heures.

La danse commença aussitôt que le comte Joseph fut arrivé. J'avais figuré pendant sept ou huit ans dans les ballets des fêtes de la marquise d'Inglar; j'étais leste, j'avais une jolie taille et je dansais passablement. J'eus tant de succès à ce petit bal, et le comte Joseph en eut si peu qu'il prit contre moi une humeur qu'il lui fut impossible de contraindre. On cessa de danser une demi-heure avant le souper. Huit ou dix hommes, au nombre desquels je me trouvais, s'étaient rassemblés autour de la cheminée. Le comte avait à sa montre une chaîne nouvelle en petites pierres et en perles, montées avec une délicatesse infinie. Quelqu'un voulant la voir de près, il la lui donna; quand on la lui rendit, il me la présenta, en me disant d'un ton moqueur: Voulez-vous l'examiner? vous devez mieux qu'un autre vous connaître en *bijouterie*. Il y a toujours des gens qui ne manquent pas d'applaudir une épigramme, quelque insipide, et souvent même quelque grossière qu'elle puisse être; plusieurs personnes sourirent; je ne fis pas semblant de m'en apercevoir. Je pris la chaîne et la montre d'un air fort calme et fort simple; et, après l'avoir regardée pendant deux ou trois secondes, tout à coup je laissai tomber sur le marbre de la cheminée la chaîne et la montre, qui se rompirent en mille éclats. Ah!

ardon, m'écriai-je, pardon, monsieur le comte ! voilà pourquoi je n'ai pas appris le métier de mon oncle, je suis si maladroit et si étourdi que je brise tout (1)... A ces mots, tous les rieurs furent de mon côté... Le comte furieux intérieurement, se contint ; l'usage du monde lui fit sentir qu'on ne répond bien à une plaisanterie piquante que par une plaisanterie naïve ou spirituelle, et que dans ce cas, la colère aggraverait le ridicule. Il feignit de rire ; et, ramassant avec moi les débris de sa montre et de sa chaîne, il me dit qu'en bonne conscience je devrais bien les *raccommoder*. Je répondis gaîment que rien n'était plus juste, et que s'il voulait me les envoyer, je m'en chargerais volontiers. La baronne, assise au coin de la cheminée, ne perdit rien de cette petite scène, et fut si enthousiasmée de ma présence d'esprit, que, dans le reste de la soirée, elle s'approcha deux ou trois fois de moi pour me dire tous bas que j'étais charmant.

---

(1) Ce trait est vrai.

Après souper, on joua très-gros jeu a trente et quarante, et je vis le comte Joseph s'y engager et s'y livrer d'une manière effrayante; je restai simple spectateur. A une heure, le comte perdait deux mille louis; j'allai me coucher en plaignant de toute mon âme la charmante Edélie, qui devait épouser un homme complétement déraisonnable.

## CHAPITRE IX.

*Histoire de la baronne de Blimont.*

Quoique j'eusse veillé beaucoup plus tard que de coutume, je n'en fus pas moins exact à me trouver au rendez-vous que Durand m'avait donné. J'allai chez lui, et, tout en déjeunant, je lui contai toutes nos aventures avec la baronne de Blimont; il en rit beaucoup. Mon ami, me dit-il, je n'ai que vingt-neuf ans; c'est être fort jeune encore en fait d'expérience; mais un amour vertueux, long-temps contrarié, a mûri ma raison. Pour conserver le cœur de celle

que j'aimais et pour obtenir le consentement de ses parens, il fallait des vertus et
une conduite irréprochable ; il a même fallu
subir des épreuves singulières. J'ai eu le
bonheur de m'en bien tirer. Je suis aujour-
d'hui le plus heureux des hommes. Si tu
as encore une heure à me donner, poursuivit-il, je te conterai la dernière épreuve ;
mais, pour que tu la comprennes bien,
il faut que je commence par un abrégé
rapide de la vie de la baronne de Blimont.
J'acceptai cette proposition avec le plus
grand plaisir ; et Durand, reprenant aussitôt la parole, fit le récit suivant, à peu
près en ces termes :

*Histoire de la baronne de Blimont, ou la
courtisane par principes.*

La baronne de Blimont est la fille unique
d'un vieux commis du bureau de la guerre,
et tu sais qu'on fait fortune dans ces places-
là. Riche, belle et remplie de talens, elle eut
de bonne heure une nombreuse cour d'adorateurs ; son père, veuf depuis long-temps,
était persuadé qu'une fille est toujours
parfaitement élevée quand elle danse et

chante bien, et surtout quand elle a une grosse dot. Séraphie (c'est ainsi qu'on l'appelait alors), dès l'âge de seize ans, jouissait d'une entière liberté; elle n'avait pour surveillante qu'une espèce de demoiselle de compagnie, dévouée à toutes ses volontés, et qui n'était occupée que du soin de lui plaire et de la flatter. Séraphie, qui avait de l'esprit et la tête excessivement vive, voulut lire des livres qui faisaient beaucoup de bruit dans ce temps; elle fut enchantée de ces ouvrages qui flattent tous les goûts et toutes les passions. Ces lectures égarèrent son imagination, gâtèrent son esprit, et corrompirent ses mœurs.

Lorsqu'elle eut atteint sa dix-neuvième année, le baron de Blimont se mit sur les rangs de ceux qui prétendaient à sa main. C'était un homme qui avait un beau nom, une grande fortune délabrée et une mauvaise réputation. Il s'était bien conduit à la guerre; mais d'ailleurs, joueur et libertin, il n'avait aucune considération personnelle; admirateur passionné des encyclopédistes, il en reçut l'un de ces brevets d'*esprit supérieur*, qu'obtiennent de

*oit* tous les partisans de la philosophie
*oderne*. C'était avoir de puissans titres
*rès* de Séraphie; aussi l'emporta-t-il
*ur* tous ses rivaux. Il avait eu pendant
quelques années un commerce de lettres
avec Voltaire; il montra des réponses da-
tées de Ferney, et dans lesquelles on lui
prodiguait des louanges sur sa *philosophie*
et la force de son esprit; tant de gloire
éblouit et charma Séraphie; le baron,
ayant tout lieu d'espérer que sa recherche était agréée, demanda à Séraphie un
entretien particulier et l'obtint pour le
lendemain. Séraphie le reçut dans un salon
où elle l'attendait, avec sa gouvernante;
mais cette dernière, au bout de quelque
minutes, sortit et les laissa tête à tête. Le baron, sans perdre de temps, fit sa déclaration d'amour, et la termina, en lui
disant qu'avant de s'adresser à son père,
il voulait savoir si cette démarche ne lui
déplaisait pas, parce que, si elle la désapprouvait, il renoncerait, sinon à son
amour, du moins à toutes ses prétentions.
Séraphie, qui avait dix-neuf ans, et qui,
à cette époque, était déjà presque aussi

*formée* qu'elle peut l'être aujourd'hui, répondit avec grâce qu'elle savait apprécier la délicatesse d'un tel procédé. Je vous autorise du fond de mon âme, poursuivit-elle, à demander ma main ; je connais assez vos principes et vos sentimens, pour être certaine que cette union fera notre bonheur. J'étais décidée à n'épouser qu'un homme au-dessus des préjugés qui tyrannisent les sots et les esprits vulgaires ; et de moi-même, je vous aurais choisi de préférence à tout autre. A ces mots, le baron fit éclater les transports de la joie la plus vive, et Séraphie l'interrompant : — Vous venez d'acquérir par cette démarche, lui dit-elle, de grands droits à mon estime ; je puis vous montrer de mon côté que je ne suis pas indigne de la vôtre. Le vice le plus odieux de tous, la fausseté, est malheureusement le plus commun parmi les femmes ; il m'a toujours fait horreur, et je vais vous le prouver : j'ai un amant, et je veux le garder ; nous n'avons pu nous unir ; sa personne était engagée, mais nos cœurs étaient libres et se sont donnés : il a reçu mes sermens ; je ne puis ni les trahir ni vous tromper... A ces paroles, le baron ne pouvant plus contenir l'enthousiasme de son admiration, tomba aux pieds de la *naïve* Séraphie. O femme incomparable! s'écria-t-il, vous qui respectez également les droits sacrés de l'amour et de la vérité! oui, je me sens digne de cette héroïque et noble confiance : votre amant sera mon ami, et le plus cher que je puisse avoir, s'il vous est fidèle; et qui pourrait ne pas l'être à tant de charmes et de vertus!... — Quoi! Julien, s'écria Durand en interrompant son récit, cette scène touchante ne t'arrache pas une seule larme! tu as donc un cœur de rocher? — Est-il possible, répondis-je, que l'on ait pu débiter sérieusement de semblables turpitudes, et que l'on ait donné de bonne foi tous ces éloges au cynisme le plus effronté? — Je vois que tu n'es pas fait pour comprendre le sublime des nouveaux principes. Tu n'as donc jamais lu le *Dictionnaire philosophique*, et tant d'immortelles brochures du même genre, du même auteur, et tant de beaux articles moraux de l'Encyclopédie, et le livre de l'*Esprit*, et celui *sur l'Homme*, etc., etc., etc., etc.; tu en es resté aux vieux principes qui, pour certaines gens, sont aussi hors de mode que les grandes perruques et les haut-de-chausses du temps de Louis XIII. Mon ami, *nous avons changé tout cela*; il faut une jeune morale à la jeunesse, et je te réponds que tu n'en trouveras pas de plus commode pour notre âge que celle de nos philosophes. *Passions, indépendance et volupté*, voilà leur devise : juge s'ils doivent faire des prosélytes! Mais je reprends ma narration. Séraphie, enchantée d'avoir trouvé un époux en effet très-digne d'elle, convint avec lui qu'il la demanderait, le jour même en mariage. Le père accorda son consentement, et les paroles furent mutuellement données. Le soir, il y eut beaucoup de monde prié à souper, et le mariage futur fut publiquement déclaré. Un peu avant le souper, tandis que tout le monde (à l'exception de Séraphie et du baron) était établi aux tables de jeu, on annonça l'élégant chevalier d'Herbain; c'était un de ces jeunes gens dont le bon goût d'une éducation peu solide, mais brillante, a tempéré les vices sans les détruire, ou, pour mieux dire, les a rendus plus dangereux peut-être en les embellissant d'un vernis séducteur. Beaucoup d'instituteurs de nos jours ressemblent à ces jardiniers ignorans et paresseux qui, au lieu d'arracher les mauvaises herbes, se contentent de les couper légèrement, laissant les graines et les racines qu'ils recouvrent de belles fleurs, dont l'éclat est bientôt flétri par les plantes vénéneuses qui vivent, croissent et se multiplient sous leurs tiges. Le chevalier avait une fatuité délicate que les hommes seuls apercevaient sans pouvoir la tourner en ridicule, et qui n'était aux yeux des femmes que de la grâce et de la galanterie. Avec un cœur froid et un caractère dur, il passait pour avoir des amis, parce qu'il n'ignorait pas que l'un des grands moyens d'obtenir de la considération dans le monde, est de savoir cultiver et conserver de sliaisons utiles et brillantes. Quoiqu'il eût un esprit très-médiocre, on s'accordait à lui en trouver beaucoup : il avait étudié la pantomime d'un homme d'esprit, il en saisissait parfaitement le ton et le maintien : il écoutait bien, il souriait à propos, il plaçait bien l'air sérieux ou moqueur : enfin il ne compromettait jamais son jugement, ou il le réglait sur celui des personnes à grande réputation de lumières ou tantôt, mettant le persifflage et la gaîté à la place du raisonnement, et tantôt s'enveloppant dans une mystérieuse réserve, il s'abstenait de prononcer, éludait avec art toutes les questions et ne décidait rien. Cet homme, très à la mode alors, était l'amant de Séraphie ; chevalier de Malte, et engagé par des vœux, il n'avait pu prétendre à sa main. Il regardait cette conquête comme le chef-d'œuvre de ses séductions : il ignorait que cette jeune fille philosophe, en lui accordant ce triomphe, cédait à sa *seconde séduction*.

Aussitôt que le chevalier s'approcha de Séraphie et du baron, placés à l'extrémité du salon, loin des parties de jeu, et de manière que leur entretien à voix basse ne pouvait être entendu, Séraphie montrant au baron le chevalier, lui dit avec attendrissement : Le voila!... Je vous le présente. A ce mot, le baron, de l'air le plus affectueux, saisit la main du chevalier et la serra fortement dans les siennes.... Le chevalier, qui n'était pas prévenu, ne comprit pas sur quel pied on le *présentait* si amicalement, et il éprouva une sorte d'embarras qui se peignit sur sa physionomie; mais Séraphie se penchant vers lui : Je lui ait tout dit, reprit-elle.... Le chevalier fut stupéfait. Quoiqu'il eût trente-cinq ans, et de mauvaises mœurs, il n'avait pas encore eu l'occasion de connaître à ce point la dépravation *ingénue* et sentimentale, et l'orgueil de la corruption raisonneuse. Il ne lisait point; il n'avait aucune espèce d'instruction ; il cédait à ses passions sans réflexion, sans résistance, mais du moins sans système. Le baron, en voyant son immobilité, lui dit : Vous ne pouvez croire à cette adorable franchise ; cependant rien n'est plus vrai, elle m'a *tout dit*... Et il ajouta, en affectant une vive émotion : Aimons-la, et ne soyons rivaux que par l'émulation de la rendre heureuse ! Séraphie exprima, par une phrase entrecoupée, combien elle était pénétrée de la sublimité de ces paroles. Le chevalier qui n'avait point vu d'exemple de la dégoûtante niaiserie de ce monstrueux et factice enthousiasme, fut si frappé du ridicule de cette scène, qu'il eut toutes les peines du monde à s'empêcher de rire ; mais accoutumé à prendre, dans chaque circonstance, un maintien convenable, il joua fort bien l'adration muette, le trouble et le saisissement.

Le mariage se fit huit jours après sous ces heureux auspices ; et, suivant leur convention, le mari, la femme et l'amant vécurent ensemble dans la meilleure intelligence ; et leur exaltation dans le vice devint telle, que Séraphie, un jour, promit solennellement de ne pas survivre aux *deux objets* de son affection, et de s'empoisonner si elle avait le malheur de devenir veuve de tous les deux. Ils furent si touchés de cette résolution, qu'ils s'engagèrent, de leur côté, si elle mourait avant eux, de s'immoler sur sa tombe. Ces projets soutenaient la conversation et l'héroïsme de ce commerce ; mais chacun en particulier était bien décidé à ne jamais les réaliser. Cependant, par un reste de ménagement pour les préjugés, ils ne parlèrent point, dans la société, de cette *triple alliance*. Néanmoins Séraphie s'honora de montrer pour le chevalier un attachement adultère que les épicuriens appelaient une *faiblesse intéressante*, et même beaucoup de femmes galantes prétendaient (sans le croire) que cette passion était purement platonique.

Séraphie était mariée depuis trois ans, lorsque le chevalier tomba dans une espèce de consomption qui, six mois après, termina sa vie. Il donna un grand scandale au baron dans le dernier mois de son existence ; il se convertit.

La baronne, dans cette occasion, affecta une douleur qu'elle n'éprouvait pas ; et, conjointement avec son mari, elle rendit les plus grands soins au chevalier, condamné par tous les médecins. Un matin qu'elle allait chez lui comme de coutume, la porte lui fut *nominativement* refusée, mais on laissa entrer son mari. Séraphie crut que le chevalier était à l'extrémité, et qu'il voulait lui épargner un spectacle douloureux : elle posa son mouchoir sur ses yeux et se retira en sanglottant.

Le baron trouva le malade seul avec sa garde, qui se retira aussitôt. Le baron voulut commencer par exprimer au chevalier combien Séraphie était profondément affligée ; mais le chevalier l'interrompant : Je n'ai jamais cru, dit-il, à ses sentimens et aux vôtres ; je ne l'ai jamais aimée ; je n'ai été égaré que par la vanité et la curiosité. Vous m'avez tous les deux fait connaître que le vice est encore plus odieux dans ses raffinemens que dans sa grossièreté, et qu'alors tout en lui est faux, tout, jusqu'à ses extravagances. Allez, ne revenez plus, et croyez que le plus coupable, le plus sot et le plus ridicule de tous les maris, est un mari philosophe.

A ce discours, le baron, immobile, demeura muet d'étonnement et de colère. Dans ce moment, la porte s'ouvrit, et il vit entrer un vénérable ecclésiastique. On sait que les philosophes ont une invincible antipathie pour les prêtres : le baron lança sur celui-ci et sur le malade un regard plein de fureur et d'indignation, et il sortit précipitamment. Il ne jugea pas à propos de conter cette aventure à Séraphie; il sentait malgré lui que le discours du chevalier jetait beaucoup de ridicule sur la *triple alliance*, et il laissa la baronne persuadée que le chevalier mourait en l'adorant.

Après la mort du chevalier, la baronne se retira pendant trois semaines (pour la décence) dans une maison de campagne qu'elle avait à Auteuil. Le jardin était à l'anglaise : le chevalier l'avait aimé : Séraphie y fit faire, dans un bosquet de chèvre-feuille et de lilas, un tombeau de gazon sans nom, sans épitaphe, et sur le sommet duquel elle établit une touffe d'immortelles, symbole de la fidélité : une petite pierre, à moitié cachée sous le feuillage des fleurs, portait cette inscription mystérieuse : *Malgré la mort*. La baronne allait *pleurer* là tous les soirs au clair de la lune.

Le chevalier était depuis quinze jours dans son véritable tombeau, lorsque le baron fut obligé d'aller en Picardie pour une affaire très-importante. Il partit en annonçant qu'il ne pourrait revenir que dans trois semaines au plus tôt ; mais ayant, contre son attente, terminé son affaire en moins de quarante-huit heures, il se hâta de retourner à Paris, où il arriva sur la fin du mois d'août, et au déclin du jour. On lui dit que la baronne était à Auteuil; il s'y rendit sur-le-champ. Là, ne la trouvant point dans la maison, il se douta qu'elle était au tombeau, parce qu'il faisait le plus beau clair de lune du monde : il y alla. Le bosquet dépositaire du tombeau, était entouré d'une palissade, et, dans ce moment, la porte en était fermée à la clef : le baron en avait une double clef ; il l'ouvre, il entre, arrive au tombeau, et il est un peu surpris de voir la sentimentale Séraphie tête à tête avec un beau jeune homme ( le comte de *** ) et dans un entretien fort animé, se consolant, vis-à-vis le *tombeau* et *au clair de la lune*, avec ce nouvel amant !...

Malgré son imperturbable philosophie, le baron eut un moment d'humeur ; mais on se moqua de lui. Le comte de ***, qui était initié dans les secrets du ménage, proposa gaîment un *nouveau traité*, qu'il fallut bien accepter pour soutenir son caractère, et pour ne pas donner lieu à une histoire qui eût amusé tout Paris.

Ainsi se passèrent les années de la première jeunesse de la baronne; son mari, de son côté, jouait un jeu énorme, et entretenait une danseuse de l'Opéra. Il acheva de détruire sa santé, sa fortune et sa réputation; accablé de toutes les honteuses infirmités d'une vieillesse précoce, produite par le libertinage, il mourut décrépit à quarante-quatre ans, sans jamais avoir réfléchi un seul instant dans toute sa vie, car il avait su seulement que *l'homme qui pense est un animal dépravé* (1), et il avait voulu être un pur animal.

La baronne resta avec une modique fortune; presque toute sa dot avait été dissipée; mais elle était jeune et belle, et elle se promit bien (par délicatesse de conscience) de ne rien retrancher de sa dépense et de sa magnificence habituelle. Un fameux philosophe (2) lui avait appris qu'une

---

(1) J.-J. Rousseau, *Discours sur l'origine et les fondemens de l'inégalité parmi les hommes.*

(2) Helvétius, liv. *de l'Esprit.*

femme galante, qui fait travailler des ouvriers, est beaucoup plus utile à l'Etat qu'une dévote qui fait l'aumône et qui délivre des prisonniers. Tous les autres philosophes lui avaient inspiré le mépris et l'horreur *du tien et du mien;* sentiment qui justifie le vol comme un moyen de rétablir l'ordre naturel, et de réparer l'injustice du sort et de la tyrannie des lois; aussi, voyons-nous dans des mémoires célèbres (1) qu'un des *amis de la sagesse* le mit en pratique, et qu'il fut *le meilleur des hommes* (2). Mais Séraphie n'allait pas jusque-là; elle n'avait point de penchant pour les moyens violens; elle pensait qu'il vaut mieux en employer de plus doux pour arriver individuellement au même but, et qu'en attendant *le partage des terres,* tout devait du moins être commun entre ceux qui s'aiment.

La baronne avait, depuis long-temps, pour intendant, un très-honnête homme

---

(1) *Les Confessions de J.-J. Rousseau.*
(2) Phrase qui se trouve à la fin des *Confessions* de Rousseau.

ousin-germain de mon beau-père, et
'est par lui que je sais tous les détails
que je viens de te faire. Il exhorta la baronne à faire de grandes et de promptes
éformes dans sa dépense, et de commencer
par mettre en vente le bel hôtel qu'elle
ccupait. — Non, Monsieur, répondit-elle,
cette maison m'est chère; mille souveirs m'y attachent; et d'ailleurs, si je la
mettais en vente, on saurait, à n'en pas
douter dans le monde, que M. de Blimont
laissé des affaires en mauvais état; et,
ar respect pour sa mémoire, c'est ce que
je dois cacher; je garderai cet hôtel. —
Cela est impossible avec votre revenu. —
en n'est impossible à quiconque joint au
entiment de ses devoirs la ferme résolution
de les remplir. — Du moins, Madame, il
faut, sans délai, réformer les trois quarts
de vos domestiques. — Qui, moi ! que
e mette sur le pavé des gens qui
'ont bien servie, et dont je suis la seule
essource ? je n'en réformerai pas un seul.
— Mais, Madame, vous êtes désormais
ors d'état de les payer et de les nourrir.
est vrai que la vente de vos diamans

peut fournir une somme assez considérable. Cependant.... — Je ne vendrai point mes diamans; je les tiens de M. de Blimont; ils sont les premiers gages de ses sentimens pour moi, je ne m'en déferai jamais. — Néanmoins, je vous proteste, Madame, qu'avec la plus stricte économie, d'ailleurs, dans vos dépenses d'écuries, de table, d'habillemens, vous ne pourrez jamais......... — Qu'appelez vous *stricte économie*, quand il s'agit de contribuer à la prospérité du commerce et des manufactures ?.... Ah! malheur à l'âme sèche et dure que n'ont jamais fait tressaillir ce mot sacré : *la patrie*, et le titre glorieux de *citoyenne !* ...... Je ne suis qu'une femme; mais j'aurai marqué mon passage sur la terre, j'aurai servi mon pays, du moins autant que je l'aurai pu. — Songez, Madame, que vous n'avez plus que vingt mille livres de rentes que vous ne pourriez, sans vous endetter horriblement...... — Croyez-moi, Monsieur, ce serait une belle manière de faire des dettes !...... Mais, soyez tranquille, je saurai suffire à tout.

En effet, par grandeur d'âme pour

ses domestiques, par amour pour son pays, par intérêt pour le commerce et les manufactures; et *par respect pour la mémoire de son mari*, la baronne prit pour amant un fermier général qui paya tout, et qu'elle ruina en quatre ou cinq ans. Dans les commencemens de cette vie scandaleuse, un parent de feu son mari, nommé Durval, se rendant un matin chez elle, lui fit d'énergiques représentations : il lui dit que le monde, qui excuse des faiblesses qui n'ont pas produit de scènes publiques, ne tolère jamais les bassesses, et que la plus révoltante à ses yeux est celle d'une femme qui reçoit d'un amant des présens ou de l'argent.— Les motifs, les principes et les sentimens peuvent tout ennoblir, répondit fièrement la baronne; je ne reçois que pour répandre, je ne suis que dépositaire des dons qui me sont offerts. Ces vains scrupules dont vous parlez ne sont que des préjugés d'esclaves et d'âmes dégradées, qui attachent à la fortune un prix immense; ces fausses délicatesses furent inventées par l'avarice : mais ce vil métal, l'or, n'est pré-

cieux pour moi que par le noble usage qu'on en peut faire... — Mais l'usage que vous en faites est de le dépenser pour vous, en loges aux spectacles, en festins, en habillemens somptueux... — Et les beaux-arts que je protége ; la multitude d'artisans, de valets que je fais vivre ?... Comptez-vous tout cela pour rien ?... — Ainsi vous croyez donc qu'on est bienfaisant dès qu'on a un luxe prodigieux ? — D'éloquens philosophes de nos jours ont assez prouvé cette vérité pour qu'il ne soit plus permis d'en douter. Le luxe fait seul la prospérité des états. — On disait jadis que c'étaient les *mœurs*.... En effet : « Si le luxe n'enrichit
» une famille qu'après en avoir ruiné deux,
» s'il ne répand les biens dans des canaux
» très-souvent inutiles et quelquefois per-
» nicieux, qu'après en avoir desséché d'es-
» sentiels ; s'il donne à la splendeur et à
» la mollesse le pain des créanciers, et en
» privant les enfans d'une éducation soi-
» gnée et les indigens des secours de la
» charité ; s'il n'encourage une industrie
» frivole qu'aux dépens des travaux uti-
» les, et les talens seulement brillans que

» pour en étouffer de solides ; s'il ne
» montre un éclat apparent que pour
» cacher une misère réelle ; si la vanité
» de l'étaler multiplie les bassesses, les
» vices et les crimes (1), » vous conviendrez qu'au moins il doit avoir une mesure, et qu'on doit lui donner un frein. — Je connais tous ces lieux communs contre le luxe, ils ne sauraient me séduire. — L'histoire démontre la vérité de ces *lieux communs*. C'est le luxe excessif qui, dans tous les temps, a causé la ruine des empires !... — Laissons cette discussion ; gardez vos opinions gothiques, vous ne changerez pas les miennes. — Les vôtres, j'en conviens, sont plus commodes et plus faciles à suivre. Mais quand vous prouveriez, Madame, que le luxe excessif est politiquement utile, par quels raisonnemens justifierez-vous les femmes qui font payer leurs faveurs ?....
— Quoi ! je demanderai sans scrupule, à mon ami, son temps pour me rendre service ; son éloquence et son bras pour me

---

(1) *Anti-Dictionnaire philosophique*, édition de M. DCCLXXV, tom. 2, p. 18.

défendre, et je rougirais d'accepter de lui des choses mille fois moins précieuses? —Il n'est pas ici question d'*un ami*, il s'agit d'*un amant*. — Eh bien, un amant est toujours un ami. —Non, jamais, quand il paie; et songez, Madame, qu'en vous conduisant ainsi, vous vous assimilez aux courtisanes les plus audacieuses. —Non, Monsieur ; une courtisane agit sans principes ; moi, j'en ai de très-élevés : le déshonneur en ce genre est pour la routine et non pour les systèmes ; les miens me sont tracés par les plus beaux esprits de ce siècle; ils me disent qu'*il n'y a rien en soi d'honnête ou de malhonnête ; que les passions sont les vrais pilotes de la vie ; et que ce que de petits esprits appellent cynisme est l'effort généreux d'une sublime philosophie qui débarrasse les hommes instruits des ridicules préjugés* (1). On m'*assimilera*, non à de viles courtisanes, mais à ces femmes charmantes qui firent les délices de l'ancienne Grèce, Léontium, Aspasie, etc. ; et, de nos jours,

---

(1) Dictionnaire philosophique de Voltaire, et Lettres sur les aveugles de M. Déderof.

à la célèbre Ninon de l'Enclos, louée, admirée par tous nos philosophes (1)... — Je n'ai plus, Madame, qu'un mot à vous dire: La famille de votre mari ne souffrira pas que vous déshonoriez avec cette audace un des plus beaux noms de la cour ! — Je vous entends ; vous me menacez d'une lettre de cachet. — Si vous ne changez pas promptement de conduite, vous devez vous attendre à tout. — Cela est bon à savoir : nous verrons dans cette occasion, qui l'emportera du génie ou de la pédanterie.

Ainsi se termina cet entretien. Aussitôt que Durval l'eut quittée, la baronne fit mettre ses chevaux à sa voiture et vola chez le ministre qui distribuait les lettres de cachet. Ce ministre aimait les femmes et trouvait Séraphie charmante : elle le savait ; et, dans une audience particulière de deux heures, elle employa tout ce qu'elle appelait *son génie* à lui tourner la tête ; elle

---

(1) Entre autres par d'Alembert qui ne crut pas pouvoir mieux terminer l'éloge de Christine, reine de Suède, qu'en disant que Ninon *fut la seule femme à Paris* que cette princesse *honora d'une visite*.

en vint à bout: Elle acquit en lui un puissant protecteur, et elle obtint, pour premier gage de son amour, une lettre de cachet qui fit mettre le lendemain à la Bastille le pauvre Durval; mais il n'y resta que quarante-huit heures; la baronne elle-même sollicita *sa grâce*, et voulut l'aller tirer de prison. Elle le prit dans sa voiture pour le conduire chez lui au fond du faubourg Saint-Honoré. Durval, qui est le meilleur des hommes, et le moins capable de deviner une noirceur, ne concevait absolument rien à tout ce qui lui arrivait; et, lorsqu'il fut dans la voiture de la baronne, il lui montra naïvement l'excès de sa surprise.—Par quel hasard, dit-il, est-ce vous qui venez me délivrer? Et savez-vous pourquoi on m'a mis à la Bastille? — Vous êtes bien curieux, répondit en riant la baronne : vous n'ignorez pas que, *dans la règle*, on ne doit aux prisonniers de la Bastille aucun compte des motifs de leur détention; qu'on peut rester trente ans dans cette forteresse sans savoir pourquoi on y a été renfermé, et qu'il arrive souvent que les ministres eux-mêmes ne s'en souviennent plus au bout d'un certain temps. Mais je veux bien répondre à votre indiscrète question : vous avez été mis à la Bastille, parce qu'on vous a dénoncé comme l'auteur de couplets satiriques qui courent dans ce moment.... — Quoi ! ces couplets contre le roi et les ministres ?.... — Justement.... — Quelle insigne calomnie ! je n'ai jamais su faire un couplet de chanson... — Cela est égal, quelqu'un en crédit vous a dénoncé, et c'est tout ce qu'il faut...—Et le roi, dont je tiens une pension, a pu croire....—Bon, le roi n'entre pas dans ces petits détails ; on arrête, on enferme de tous côtés en son nom sans qu'il en sache un mot. Il est vrai que vous avez une famille connue, et qua'insi votre emprisonnement ne pouvait se cacher long-temps ; mais soyez sûr que le ministre aurait persuadé au roi, en trois mots, que vous êtes un ingrat, un séditieux et un libelliste.—Cependant, le roi, n'a pas de sujet plus fidèle ; et, quant à cette chanson, je n'y ai pas plus de part que vous... A ces mots, la baronne, éclatant de rire : — Je dois donc, dit-elle, vous reconduire à la Bastille...—Comment?

—C'est que ces couplets ont été composés dans ma chambre, et c'est moi qui ai fait celui du ministre.—Est-il possible! et vous osez en convenir!... Je ne risque rien ; quand vous iriez le dire au ministre, il ne vous croirait certainement pas. J'ai pris les devans ; c'est moi qui vous ai dénoncé... — Vous ?... — Moi-même, mais avec le projet de ne vous laisser que quarante-huit heures à la Bastille. Vous êtes venu me menacer d'une lettre de cachet, et je vous fais mettre à la Bastille le soir même : convenez que cela est gai ?... — Néanmoins, vous me dispenserez d'en rire. Je tombe de mon haut !... Quoi! Madame, vous, disciple des philosophes qui ont tant d'amour pour la liberté, vous sollicitez des emprisonnemens ?... —J'aime mes philosophes à la folie, parce que leurs principes ne sont jamais absolus, ce qui fait qu'ils ne gênent en rien et que leur morale s'adapte à tout. Par exemple, le philosophe que j'idolâtre, Voltaire, n'a-t-il pas sollicité avec ardeur des lettres de cachet pour faire enfermer la Baumelle, Fréron, etc. (1) ? J'ai donc pu, sans manquer à la philosophie, me permettre cette petite espiéglerie qui vous fera comprendre que l'on doit renoncer à l'espoir de m'effrayer par des menaces. — Je vois, madame, que rien ne peut arrêter votre essor ; il ne vous *élèvera* pas, mais il vous conduira loin.

La baronne ne fut nullement choquée de cette épigramme : on ne pouvait l'irriter qu'en contrariant ses projets, en attaquant sa beauté ou en niant ses agrémens et ses succès. Il n'était déjà plus possible de blesser en elle l'honneur et la fierté ; il ne lui restait plus que l'orgueil de la coquetterie et de la dépravation. Sa famille, justement indignée, cessa totalement de la voir, et alors elle fut bannie de la société ; toutes les portes lui furent fermées sans retour. Comme elle faisait une grande dépense, qu'elle avait de l'esprit et une excellente maison, il ne lui fut pas difficile d'attirer chez elle de beaux esprits et beaucoup de gens de la cour,

---

(1) *Voyez* ses Lettres.

et de se former un cercle de fort bon air, du moins en hommes.

Huit mois avant mon mariage, mon beau-père, touché de ma constance et de ma conduite, commençait à me donner de l'espérance. Il m'avait, à mon insçu, fait subir une quantité d'épreuves; il m'en réservait une dernière, qui fut exécutée sans que j'eusse le moindre soupçon du piége qui m'était tendu. Je sollicitais une place : un homme, que je connaissais à peine, parut tout à coup s'intéresser à moi, parce que je venais de donner au Théâtre-Français une petite pièce en un acte qui avait eu du succès. Il me proposa de me présenter chez la baronne de Blimont, qui, passionnée, disait-il, pour la littérature, et qui, ayant un grand crédit, me ferait sûrement obtenir une place. Je ne connaissais absolument de la baronne que son beau nom, et je fus ébloui de l'honneur d'être admis dans la société d'une grande dame de la cour. J'allai donc avec empressement chez la baronne. Elle me reçut avec une grâce qui me charma; elle me demanda une note sur la place que je désirais ( car l'on avait prévenue que j'en sollicitais une ); et, le lendemain, je lui envoyai cette note avec une vingtaine de vers que j'avais faits à sa louange, et qui, sans doute, la firent beaucoup rire, parce que j'y vantais sa *vertu* autant que sa bonté. Elle m'écrivit elle-même un billet charmant pour me remercier, et elle m'invita à me rendre chez elle le surlendemain au soir. Dans l'intervalle du rendez-vous, je parlai d'elle à deux ou trois personnes; et j'appris, à mon grand étonnement, que cette femme pour laquelle j'avais tant de respect et de vénération, était devenue, par goût et *par principes*, une véritable courtisane. Cette découverte me fit faire de tristes réflexions. Il me paraît si vil de céder aux avances d'une intrigante par un motif d'intérêt, que sur-le-champ je formai le dessein de me conduire de manière à me mettre entièrement à l'abri du moindre soupçon en ce genre. Au jour indiqué, j'allai chez la baronne à huit heures du soir; nous étions au commencement du mois de novembre. Combien ce somptueux hôtel, qui m'avait tant ébloui, me parut dégradé ! Tout ce que j'y avais admiré comme des signes, des symboles éclatans de grandeur et d'élévation, ne m'inspirait plus qu'un profond mépris; toute cette magnificence n'était plus à mes yeux que l'enseigne dégoûtante du libertinage et de la honte. On me fit traverser tous les appartemens, et j'arrivai enfin dans le plus élégant petit boudoir tout orné de glaces, rempli de parfums et de fleurs, et agréablement éclairé par des bougies posées dans des vases d'albâtre. Tous ces lieux communs de séduction matérielle achevèrent de m'indigner. Je trouvai la baronne seule, et assise sur un canapé; elle m'ordonna de me placer à côté d'elle; j'obéis en silence. Son attitude, son maintien, la recherche de son habillement et l'expression de son visage me déplurent également. Néanmoins, je désirais ne lui paraître ni gauche ni embarrassé ; je ne voulais pas qu'elle prît des principes pour de la rudesse, de la sottise et de la niaiserie. D'ailleurs, quel jeune homme peut se dépouiller entièrement de tout amour-propre pour la femme la plus méprisable quand elle est jeune et jolie?... Les diverses pensées qui m'agitaient me causaient une sorte d'émotion que la baronne interpréta de la manière la plus fausse. Elle sourit, et sur-le-champ elle me dit que mon affaire allait le mieux du monde, et qu'elle croyait pouvoir me répondre d'un prompt succès. Alors prenant la parole : Je viens, Madame, lui dis-je, d'abord pour me rendre à vos ordres, et ensuite pour vous apprendre qu'un événement imprévu ayant tout-à-fait changé ma situation, cette place ne peut plus me convenir; ainsi je vous supplie de cesser toute démarche à cet égard. J'ajoutai tout ce qu'il était convenable de dire sur ma reconnaissance de ses bontés. Sa surprise fut extrême; et, comme je m'y étais attendu, elle m'accabla de questions. Je saisis aussitôt cette occasion de lui montrer le fond de mon âme. Sans nommer personne, sans entrer dans le détail de ce prétendu changement, je lui dis qu'il tenait à un mariage que je devais faire. — *Un mariage!* reprit-elle, et qui sans doute fait votre fortune ? — Il fera bien mieux, car il assurera mon bonheur. — Vous êtes amoureux ! — Éperdument. C'est une première passion, et qui sera sûrement la dernière. On n'aime pas ainsi deux fois dans sa vie. — Vous le croyez? — J'en suis certain. — Et sans distraction? — On n'en a point quand on aime véritablement. J'étais persuadé qu'après cette déclaration, la baronne ne songerait plus qu'à terminer cet entretien et à me congédier poliment : je me trompais. Je venais de piquer vivement sa vanité, et il lui parut plaisant de rendre infidèle celui qui, tête à tête avec elle, avait *l'impertinence* de lui faire une telle confidence. Elle se garda bien de montrer du dépit ; au contraire, elle m'offrit toute sa protection en d'autres choses ; elle me conjura de revenir le soir ; et, pour me retenir, elle me demanda le récit de mes amours ; elle employa vainement pour me séduire toutes les grâces variées de la douceur, de la vivacité, de la gaîté : je répondis toujours respectueusement, mais avec une briéveté glaciale. Enfin, je pris congé d'elle à neuf heures, bien décidé à ne jamais retourner chez elle. Deux jours après, je reçus un billet de Sophie qui contenait ces mots :

« C'est sous les yeux de mon père que
» je vous écris, pour vous inviter à venir
» chez nous sur-le-champ. Mon père veut
» vous annoncer lui-même que rien ne
» s'oppose plus à votre bonheur et à celui
» de Sophie. »

Tu peux juger de la joie que j'éprouvai!... Je volai à l'instant chez Sophie; son père me serra dans ses bras, en me disant avec attendrissement : Sophie est à vous... Quand mes premiers transports furent un peu calmés, j'appris qu'on avait épié ma conduite chez la baronne. Je ne connaissais point Blondel, cet ancien intendant du feu baron de Blimont, dont je t'ai déjà parlé, parce qu'il ne m'était pas permis d'aller souvent chez Sophie, et que Blondel, toujours très-occupé, sort rarement, de sorte que je ne l'avais jamais rencontré; et j'ignorais entièrement ses rapports avec la baronne, auprès de laquelle il n'avait aucun titre, mais dont il possédait toujours la confiance pour les affaires qu'il faisait par reconnaissance, devant toute sa fortune à cette maison. C'était lui que la baronne avait chargé de solliciter la place que je désirais, sans se douter que Blondel pût prendre à moi le moindre intérêt; le lendemain de ma dernière entrevue avec la baronne, elle envoya chercher Blondel pour lui dire que je ne me souciais plus de la place, qu'ainsi il fallait la demander pour un autre qu'elle lui nomma. Dans ce même entretien, la baronne parla de moi avec un mépris affecté et beaucoup d'aigreur ; ce ton qui succédait si promptement à celui du plus vif intérêt et mon refus de la place firent aisément deviner à Blondel ce qui s'était passé entre elle et moi. Il vint sur-le-champ en rendre compte au père de Sophie qui, aussitôt, se décida à me donner sa fille.

Le jour même, le contrat de mariage fut dressé, quoique je ne me sois marié que quelque temps après, parce qu'on attendait un oncle de Sophie qui était absent et qui voulait se trouver à la noce. Les parens furent invités à la signature pour le lendemain. On s'assembla, selon l'usage, chez le père de la future. Blondel arriva le dernier ; et, au lieu d'entrer dans le salon où nous étions tous, il fit prier mon beau-père et moi de passer dans un cabinet voisin ; nous y allâmes ; et Blondel s'avançant vers moi : — Je vous apporte, me dit-il, un fort joli présent de noce, un emploi honorable qui vaut quatre mille francs. Voici comment : La baronne, ainsi que je vous l'ai déjà dit, poursuivit-il, m'ordonna de demander la place pour un autre ; je ne me pressai point ; et, ce matin, j'ai reçu, des bureaux, votre nomination en bonne forme ; alors je me suis rendu chez la baronne, en lui faisant croire que votre futur beau-père ayant, avant moi, su la chose, était venu chez moi pour me dire qu'il vous avait forcé d'accepter ; que cela était fait ; que de ce pas il allait faire les remercîmens d'usage, et que vous vous présenteriez le soir chez la baronne pour lui faire particulièrement les vôtres. Cette nouvelle a donné beaucoup d'humeur à la baronne ; mais, comme il n'y a point de remède, elle a pris son parti, elle vous recevra de bonne grâce ; ayez l'air d'avoir oublié le *tête à tête* ; et, puisque sa première recommandation vous vaut une bonne place, faites-lui votre cour à son cercle de temps en temps; Sophie n'en sera pas jalouse. La pureté de vos mœurs et la délicatesse de vos sentimens doivent à jamais bannir entre vous toute espèce d'inquiétudes.

Ainsi, je retournai chez la baronne qui me reçut sans le moindre embarras, et voilà pourquoi j'y vas toujours de loin en loin; c'est un devoir que je remplis sans effort. La baronne n'a plus la prétention de me tourner la tête, elle est aimable, et je trouve souvent chez elle une conversation aussi agréable que spirituelle.

## CHAPITRE X.

*Courageuse résolution de Julien.—Il se brouille tout-à-fait avec Mathilde. — Singulière maladie de la marquise d'Inglar. — Grande scène de Julien avec son oncle.*

Ce récit de Durand me fit connaître que la baronne avait caché son âge à Mathilde, et qu'elle avait au moins trente-deux ou trente-trois ans : — Cependant, ajoutai-je, elle n'en est pas moins dangereuse, car il faut convenir qu'elle est charmante.—Oui, reprit Durand ; mais un sûr préservatif de ses charmes est de connaître sa froide et profonde dépravation toujours combinée, toujours sans scrupule et sans remords. — Néanmoins elle a tant d'élégance, un regard si doux, des mains si blanches !..... Durand sourit.—Je parie, dit-il, qu'Adeline a les mains un peu rouges ; car tu m'as déjà vanté la beauté des mains de la baronne.... Ecoute, mon cher Julien, poursuivit-il ; si tu n'y prends garde, cette femme te fera un tort prodigieux. — Je te donne ma parole de ne jamais employer son crédit pour moi.... — N'importe, on dira que tu en reçois de l'argent ; il est déshonorant de toutes manières d'être l'amant *favori* d'une femme entretenue. Ne va plus chez elle...—Sous quel prétexte romprais-je si grossièrement avec elle ? — La grossièreté avec ces femmes-là n'est jamais que dans des scènes ; tu n'en feras point, tu cesseras seulement d'aller dans cette maison; au bout de huit jours elle ne pensera plus à toi....— Elle m'a pourtant bien répété qu'elle me

trouve *charmant*......—Cela est bien séduisant ! mais elle en dira autant au premier joli garçon qu'elle rencontrera. Enfin, consulte là-dessus le vicomte d'Inglar....
— Tu crois qu'il me conseillerait de ne plus la voir ?.....—Il l'exigerait, n'en doute pas.—Je t'assure, mon cher Durand, que je hais du fond de l'âme cette horrible corruption, et je suis bien certain que je ne deviendrais jamais amoureux d'une telle femme. Cependant elle n'est point une courtisane ordinaire ; et il me paraît bien curieux de voir comment, avec son éducation, son rang et son esprit, elle soutiendra ce singulier rôle. — Défie-toi de la curiosité en ce genre ; elle a perdu plus de jeunes gens que la passion. D'ailleurs tu as vu dans cette femme tout ce qu'il y a de *curieux* en elle, tout ce qui la distingue des autres créatures de sa profession ; son ton, ses talens, la manière dont elle fait les honneurs de sa maison, la décence et la grâce de sa conversation dans un cercle. D'ailleurs, dans un tête à tête, tu ne verrais en elle que le manége et les artifices d'une franche courtisane ; là, le vice et

l'effronterie la rendant l'égale de toutes les autres. — Eh bien! tu me persuades, mon ami, et je te promets de ne jamais mettre le pied chez elle. A ces mots, Durand me sauta au cou; il m'embrassa avec une joie qui m'attendrit, et j'éprouvai qu'en suivant un conseil vertueux, on s'attache avec une sorte d'enthousiasme à celui qui l'a donné. De ce moment, mon amitié pour lui fut égale à celle que j'avais pour Eusèbe. Ma vie s'est écoulée entre ces deux objets de mes premières affections ; avec de si chers appuis, on peut supporter avec courage les revers de la fortune, et se tirer avec honneur des dangers du monde et des passions.

Cependant Mathilde, à qui j'avais fait part de mes premiers succès auprès de la baronne, ne perdit pas de vue sa vengeance; et ne manqua pas de me presser de nouveau de faire ma déclaration d'amour. Elle fut confondue, quand je lui annonçai que j'avais formé l'inébranlable résolution de ne plus retourner chez la baronne. Dans son dépit, elle me dit que c'était une lâcheté, que je craignais le ressentiment du comte

Joseph. — Non, Madame, répondis-je froidement; et vous savez que j'ai dédaigné sa faveur, quand vous pensiez que vous pouviez me l'offrir; mais je méprise les femmes sans mœurs, et je n'en vois de telles que lorsque je ne puis m'en dispenser. Après cette réponse, je la quittai et je la laissai outrée de colère contre moi.

Le vicomte d'Inglar était alors en Angleterre et n'en devait revenir que dans un mois. Mais nous apprîmes par mademoiselle de Versec que la marquise, sa mère, se plaignait beaucoup de sa santé, ce qui était en elle une chose fort inquiétante, car elle avait eu, jusqu'à cette époque, la prétention contraire, tirant une grande vanité de la force de sa constitution. Mais son médecin, qui était celui de mon oncle, nous rassura. Je lui demandai quel était le genre de sa maladie. — Elle n'est pas plus malade que vous et moi, répondit le docteur. — J'entends, repris-je, elle est malade imaginaire? — Point du tout. — Elle feint donc d'être malade? — Non, elle est de très-bonne foi. — Comment cela se peut-il? — Ah! cela est fort difficile à expliquer; et néanmoins, cet état, très-commun, surtout parmi les femmes, est une époque dangereuse dans leur vie, parce que, jusqu'ici, les médecins n'y ont par réfléchi, et que, faute de la connaître, ils prescrivent des remèdes très-inutiles, et par conséquent très-pernicieux. Madame d'Inglar est dans l'âge où, sans entrer dans la vieillesse, la perte totale d'une jeunesse passée dans le tumulte de la dissipation; l'affaiblissement des forces, le changement du visage, la lassitude des amusemens du grand monde, annoncent aux personnes les plus frivoles et les plus robustes que le genre de vie qu'elles ont mené jusqu'alors ne leur convient plus. Les femmes, en général, ne renoncent entièrement à la jeunesse qu'à cinquante ans. Pourquoi? C'est qu'à cette époque, une crise inévitable, une révolution de la nature, ne permettent plus de conserver d'illusion à cet égard. La marquise d'Inglar n'a que quarante et un ans; elle calcule qu'elle doit avoir encore à peu près dix ans de jeunesse; elle n'en rabattra rien. Quand je la raisonnerais sur cette folie, je la choquerais sans la convaincre. Le marquis a voulu lui insinuer quelque chose sur ce point délicat ; elle ne l'a pas compris et s'est fâchée. Personne n'ose la contrarier. Cependant, elle se plaint amèrement de l'insensibilité de tout ce qui l'entoure ; elle me persécute pour la purger, la droguer, ce que je ne ferai certainement pas ; elle répète qu'on la laisse mourir sans secours ; je crois qu'elle finira par se mettre entre les mains de quelque charlatan, qui la tuera avec des médecines et un *élixir merveilleux*.

Nous représentâmes au docteur qu'il serait responsable de cet événement, et qu'il vaudrait beaucoup mieux flatter la manie de la marquise, en lui donnant pour satisfaire son imagination, des *élixirs* sans vertu et des *pilules* de mie de pain, comme Tronchin avait fait quelquefois pour guérir des maux imaginaires. Le docteur répondit qu'ici le cas était différent, parce que la marquise ne se croirait guérie qu'en reprenant ses forces épuisées, des couleurs flétries sans retour, et qu'en cessant d'être blasée sur des amusemens que son ignorance et la paresse invétérée de son esprit lui ôtaient toute possibilité de remplacer par d'utiles occupations.

Je plaignis sincèrement cet état sans ressource pour une personne dénuée d'esprit et de sensibilité, fruit malheureux d'une mauvaise éducation et d'une jeunesse ridiculement prolongée dans la honteuse oisiveté d'une vaine dissipation; et cependant la marquise n'éprouvait pas le plus grand tourment de cette triste situation; elle n'avait jamais été jolie et coquette : elle ne déplorait ni la perte de la beauté ni la fuite d'une foule d'adorateurs; elle n'avait à regretter que le mouvement et le goût des fêtes et du monde, et c'en était assez pour la plonger dans ce profond ennui qui conduit à la consomption!.... Depuis l'absence de son fils, je m'étais présenté plusieurs fois chez elle sans avoir pu pénétrer jusqu'à elle : mais recevant d'Eusèbe une lettre dans laquelle il me donnait plusieurs commissions, je portai à la marquise un gros paquet pour l'envoyer à Londres. On me fit entrer : je trouvai la marquise couchée sur une chaise longue, et seule avec mademoiselle de Versec et la jeune Edélie, qu'on avait fait sortir du couvent pour la marier sous deux mois au comte Joseph. Depuis long-temps je ne revoyais jamais cette jeune personne sans émotion ; elle me rappelait les plus beaux jours de mon enfance ; elle ressemblait à son frère que j'aimais tant ; elle me traitait avec la douce familiarité de l'innocence, de la bonté, et elle était charmante !........ La marquise me fit asseoir au pied de sa chaise longue ; et, me regardant languissamment : —Julien, me dit-elle, il y a un siècle que je ne vous ai vu ; je suis sûre que vous me trouvez bien changée ?—Non, Madame, répondis-je. —Il est inutile, reprit-elle, de vouloir me flatter là-dessus. J'avais des couleurs si vives que je n'ai jamais mis de rouge ; et maintenant je suis pâle, j'ai même, au grand jour, une teinte de jaune répandue sur le visage ; j'ai les yeux battus ; je suis maigrie : enfin, je suis dans un état de dépérissement si visible qu'il est inconcevable que l'on n'en soit pas plus frappé.—Il est certain, dit gravement mademoiselle de Versec, que la santé de Madame est altérée : cependant elle a naturellement une si forte constitution que... —Oui, ma chère, interrompit la marquise ;

mais songez donc que mon mal est invétéré : vous devez vous rappeler que j'en ai remarqué les premiers symptômes il y a plus de trois ans... — Cela est vrai. — Ce mal est venu lentement et par degrés, comme dans toutes les maladies de langueur. J'y fis moi-même peu d'attention d'abord; mais les progrès deviennent si effrayans, qu'il n'y a plus moyen de s'abuser. A ces mots, elle poussa un profond soupir. Edélie, qui tenait sa main, la baisa, en lui disant avec une expression naïve et touchante : — Chère maman, vous guérirez, le docteur m'a donné sa parole qu'il n'y a pas le moindre danger dans votre état, et il est bien habile... — Oui, reprit la marquise, pour les maladies violentes, mais il n'entend rien aux maladies chroniques; et, tout en soutenant que je ne suis pas malade, j'ai fort bien démêlé qu'il me regarde comme incurable : il lui est échappé de me dire que je ne reprendrai jamais mon embonpoint naturel et mes couleurs, et même, il m'a fait entendre que ce commencement de marasme ne s'arrêterait pas là; que je dois m'attendre à bien pis; et, quand je lui demande des remèdes, il m'ordonne du tilleul, de l'eau de fleur d'orange et des demi-bains. On ne guérit pas d'un mal aussi menaçant avec de telles niaiseries...... Ici je pris la parole pour demander à la marquise le détail de ses souffrances. — Je n'en ai pas d'aiguës, me répondit-elle, et même physiquement je ne souffre pas. Je n'ai encore perdu ni l'appétit ni le sommeil : je crois bien que je n'ai rien de particulièrement attaqué, mais c'est toute la machine entière qui se délabre. Vous savez comme le physique influe sur le moral; je l'éprouve cruellement. Je n'ai de goût à rien; tout me fatigue et m'excède. — Quoi ! Madame, les fêtes?.... — Ah! il n'y a plus de fêtes pour moi; le bruit m'étourdit, la musique m'attriste, le spectacle m'ennuie, et je n'ai plus la force de veiller...—Si Madame se faisait quelque occupation..... — Fort bien pour ceux qui ont l'habitude de l'étude, mais la lecture me fait mal à la tête et aux yeux. Je n'ai jamais aimé le travail des mains; la tapisserie et la broderie sont des délassemens si insipides !.... — Il en est tant d'autres! par exemple, le goût de la botanique et des fleurs... — Ah! oui, les fleurs! j'avais jadis pour les fleurs une véritable passion; elles me charmaient en guirlandes et dans des vases: maintenant je ne les puis souffrir; toutes les odeurs m'agacent les nerfs.

Comme la marquise disait ces paroles, la porte s'ouvrit, et le comte Joseph entra; je me levai, et je voulus m'en aller; la marquise me retint, en disant que le *futur* d'Édélie ne devait pas me faire fuir, et qu'il serait sûrement bien aise de me voir. Je restai, mais avec un battement de cœur qui s'augmentait à chaque pas qui rapprochait le comte d'Édélie. Je gémissais sur le sort de cette innocente victime immolée par la vanité, car la marquise ne s'obstinait à la donner au plus mauvais sujet de la cour, que pour lui voir le tabouret que lui cédait sa future belle-mère avec sa place de dame d'atours; et parce que le comte devait hériter d'un duché-pairie... O que les préjugés sont odieux et incompréhensibles lorsqu'ils blessent à la fois le cœur et la raison!...

Le comte fut très-affable avec moi ; il me voyait bien traité de la marquise ; j'avais été témoin de sa conduite chez madame de Blimont ; on ne savait qu'une partie de ses inexcusables écarts ; il voulait m'empêcher d'en faire le détail à mademoiselle de Versec, ou au vicomte d'Inglar qui devait revenir pour son mariage. Les grands seigneurs de ce temps croyaient tous qu'ils entraînaient invinciblement les roturiers avec quelques phrases, qu'ils supposaient apparemment magiques, et qui, en effet, comme d'un genre différent, avaient sur le grand nombre une puissance merveilleuse. Quand ma destinée, me dit-il, sera fixée au gré de tous mes vœux, nous irons passer un mois à Velmas ( c'était une des terres de son père) ; il faut y venir, mon père et ma mère connaissent nos anciennes liaisons, et seront charmés de vous y voir, et mademoiselle d'Inglar vous fera les honneurs du château avec sa grâce ordinaire et moins de malice qu'elle n'en avait à Etioles, il y a huit ou dix ans ; car je me rappelle qu'alors vous étiez toujours en dispute, et que mademoiselle de Versec, avec toute sa sagesse, avait souvent bien de la peine à mettre les ho-la. Cet éloge, fait en passant de la *sagesse* de mademoiselle de Versec, la mit en bonne humeur, et elle conta plusieurs espiégleries d'Edélie qui, prenant la parole, me rappela que nous avions été bien grondés pour avoir pêché à la ligne, dans le bassin du jardin, de petits poissons rouges. Vous aurez, à Velmas, reprit le comte en s'adressant toujours à moi, de quoi satisfaire le goût de la pêche; les eaux y sont admirables. C'est une bien belle terre, dit la marquise. Oui, reprit le comte d'un ton solennel, et, je crois, celle de France qui a les plus nobles droits seigneuriaux. Enfin, poursuivit-il en reprenant l'air bienveillant et gai, M. Delmours, vous êtes condamné à quitter les délices de Paris pour la solitude de Velmas. Oh! oui, ajouta Edélie, il faut absolument que vous y veniez, M. Delmours..... Nous nous rappellerons tous nos tours de jeunesse.... En effet, dit la marquise, c'était le bon temps; je me portais si bien alors !...

J'aurais pu être enivré, comme un autre bourgeois, de toute cette flatterie d'affabilité ; mais un sentiment vague et secret me mettait à l'abri de cette espèce de séduction. Au fond de l'âme je haïssais le comte Joseph, parce qu'il était vain, orgueilleux, qu'il avait des mœurs dépravées, et surtout parce qu'il devait épouser Edélie. Fort décidé à ne point aller à Velmas, je me contentai de remercier respectueusement ; et, sans m'expliquer davantage, je pris congé de la marquise. Je rentrai chez moi fort triste et poursuivi par l'image d'Edélie qui m'avait souvent troublé, mais qui, jamais jusqu'alors, ne m'avait causé autant d'agitation. Je n'espérais pas de consolation dans mon intérieur, et je n'osais confier à mes amis une telle folie, pas même à Durand.

Quoique je connusse parfaitement Mathilde a beaucoup d'égards, elle m'étonnait toujours dans le détail de la vie. Il y a dans toutes les femmes spirituelles une certaine finesse que les hommes n'ont jamais, et il est juste que la nature ait accordé ce privilége au sexe le plus faible et qui est toujours dépendant. La femme la plus sincère n'est telle que par la pureté de son cœur :

parce qu'elle méprise l'artifice ; mais elle en possède le talent inné si elle a de l'esprit, et elle l'emploirait si elle voulait, avec autant de succès que la plus fausse. Aussi, quand elle veut faire un usage innocent ou bienfaisant de la finesse (qui est toujours une sorte de ruse), voyez si un homme pourrait l'égaler dans l'art puissant des ménagemens et de l'insinuation?

Ainsi, une femme seule peut bien connaître et bien peindre une autre femme. Néanmoins, les femmes, plus sensibles que nous, sont plus sujettes à se laisser abuser par leurs affections ; mais lorsqu'elles sont de sang-froid, elles ont, au suprême degré, le génie de l'observation dans la société ; rien ne leur échappe de tout ce qui a rapport aux mœurs, aux ridicules, aux caractères. Nous ne voyons des objets que les couleurs tranchantes ; elles aperçoivent toutes les nuances.

Je ne connaissais Mathilde qu'en masse ; il m'était impossible de calculer la subtilité de ses combinaisons que je ne devinais jamais que par les résultats. Je m'attendais à lui voir, à l'avenir, avec moi, des manières sèches et constamment froi[des]; je fus très-étonné de la trouver même lorsque nous étions tête à tête, pl[us] amicale et plus gaie que jamais. Sans pou[voir] voir deviner son motif, je compris pour[tant] qu'elle en avait un; et, indigné de [sa] fausseté, il m'était impossible de ne [pas] lui répondre souvent de mauvaise grâc[e] ou quelquefois même avec brusquer[ie]; c'était bien ce qu'elle avait prévu et [ce] qu'elle voulait. Elle me dit qu'elle all[ait] se remettre avec ardeur aux camées, [ce] qui signifiait qu'il fallait lui en faire u[ne] grande quantité; son intention était d'[en] accumuler une provision, pour n'en p[as] manquer au besoin par la suite. E[lle] vit bien que je n'y mettais plus de zè[le] désintéressé, elle prit le parti de me f[aire] un joli présent à chaque camée; c'éta[it] me payer, et je travaillai en conscience, c'est-à-dire, que je peignis une vingt[aine] de camées en trois mois, non pas de m[on] mieux, puisqu'ils ne devaient pas para[ître] sous mon nom, mais proprement fai[ts] d'une médiocrité passable. C'est tout [ce] qu'on doit à ceux qui se permettent [de] semblables supercheries. Les usurpateurs, en ce genre, ne font jamais de véritables conquêtes; on peut bien leur sacrifier une partie de son temps, on ne leur donne jamais son talent tout entier.

Cependant, je m'aperçus bientôt combien j'avais perdu dans la maison. Mademoiselle Agathe, femme de chambre de Mathilde, était beaucoup moins obligeante pour moi; le chocolat de mon déjeuner était plus clair et d'une autre qualité; il n'était jamais fait à l'heure où je le désirais; les garçons de boutique ne m'obéissaient plus; mon oncle devenait de jour en jour plus froid et plus sévère; je connus enfin, par les reproches continuels que j'en essuyais, qu'on lui faisait sans cesse de faux rapports contre moi. C'est un art porté au plus haut point de perfection dans la bourgeoisie, que celui d'envenimer l'esprit de la maison par de petites tracasseries journalières. Une femme, secondée dans ce projet par ses domestiques, parvient toujours sûrement, dans cet état, à inspirer à un mari, dont elle est aimée et qui a de bonnes mœurs, toutes les préventions qu'elle veut lui donner. On n'a pas d'idée, dans le grand monde, de la puissance du commérage et des petits rapports de servantes dans un ménage bourgeois, et de l'art avec lequel les empoisonne une femme artificieuse en conservant l'air de la douceur et de la bonté. Le mari, fatigué des affaires de son commerce, et n'ayant point ces sujets intarissables de conversations que fournit la dissipation d'une grande société, adopte avec plaisir ce genre d'entretien ; il s'en fait une habitude : toutes les soirées se coulent ainsi ; il écoute, croit tout, n'éclaircit rien, il prend toujours la malveillance et la haine pour une confiance intime, et les plus grossières calomnies sont à ses yeux des faits avérés. Ce fut ainsi que Mathilde, sans scènes, et surtout sans explications, parvint à me perdre dans l'esprit de mon oncle. Lorsqu'elle eut en possession mes vingt camées, elle engagea mon oncle à me faire appeler un matin dans son cabinet, où je le trouvai seul avec elle. Mon oncle, d'un ton aigre et sec, me dit de m'asseoir ; et, après un moment de lence: Julien, me dit-il en me regardant de l'air le plus courroucé, il est temps que cela finisse...—Quoi ! mon oncle, demandai-je avec étonnement. Julien, reprit Mathilde, avec un accent sentimental, je lui ai tout dit... Ces paroles me confondirent ; je crus, sans réflexion, qu'elle lui avait fait l'aveu de son intrigue avec le comte Joseph, et je ne concevais pas pourquoi la colère de mon oncle tombait sur moi. Vous voilà bien surpris, me dit-il, vous avez peine à concevoir une telle sincérité. — Il est vrai que je suis bien étonné. — Je le crois, et je ne le suis pas moins de votre conduite. — Comment ! mon oncle.... — Oui, votre intrigue avec cette petite Adeline, ma femme a eu la bonté de me la cacher... Julien, interrompit Mathilde, vous ne nierez pas cela ? — Non, Madame, répondis-je, mais comment n'en parlez-vous que lorsqu'elle n'existe plus ?...—Taisez-vous, s'écria mon oncle, il est aussi trop impertinent de faire des reproches à celle dont vous devriez baiser les pas...—Ne vous fâchez pas, mon ami, dit Mathilde, laissez-moi lui parler : Julien, poursuivit-elle, votre excellent oncle a été très-irrité des manières et de la rudesse que vous avez avec moi depuis long-temps ; et qu'il attribuait aux motifs les plus bas, à un vil intérêt qui vous faisait prendre de l'aversion pour la femme qui fait son bonheur. J'ai voulu lui ôter cette idée, et je lui ai dit, ce que je crois, que votre humeur vient de ce que j'ai connu cette intrigue, que je vous ai donné quelques conseils, et que de ce moment vous n'avez plus vu en moi qu'un mentor qui vous gênait... —Oui, reprit mon oncle, oui, ma chère amie, malgré votre douceur angélique, je ne doute pas que votre vertu et votre pénétration ne lui soient odieuses ; il a ses raisons pour les craindre ; mais soyez sûre aussi qu'il vous déteste, parce que vous êtes ma femme ; tous les indignes propos qu'il a tenus le prouvent assez.... — Moi, repartis-je, j'ai tenu des propos ?... — Vous n'avez pas dit que tout allait bien mieux dans la maison avant mon mariage ; que je ne m'entendais à rien ; que je serais bien embarrassé si vous me quittiez ; que je dessinais l'ornement d'un goût gothique ; qu'il n'y avait, dans la boutique, d'*objets* de débit que ceux qui sortaient de votre main ou que vous commandiez ; que le *métier* de bijoutier était au-dessous de vous ; que les d'Inglar ne me protègent qu'à cause de vous ; que je vous avais promis toute ma fortune ; qu'il est ridicule que j'aie épousé une aussi jeune personne ; qu'elle a beau faire, que vous ne l'aimerez jamais ; que tout le monde se moque de moi, et que si vous en aviez envie, il ne tiendrait qu'à vous de me faire interdire ; et tout cela sans compter les impertinences que vous débitez à tout venant, sur ma *cuisine bourgeoise* et sur nos amis ; vous voyez que je suis bien informé.

J'écoutai paisiblement ce discours sans être tenté de l'interrompre, voulant voir jusqu'où pouvait aller ce tissu de fourberies. Il est bien vrai que j'avais écouté les moqueries de Mathilde sur sa société, que j'en avais ri, et que j'en avais fait moi-même pour lui plaire, mais seulement tête à tête avec elle ; tout le reste était d'une horrible fausseté. Je demandai à mon oncle qui lui avait fait des rapports si calomnieux.—Arrêtez, répliqua-t-il ; le mot *calomnie*, dans ce cas, dans votre bouche, en est une ; n'allez pas jusque-là. Vous n'avez pu nier des faits positifs : vos mauvaises mœurs, l'indulgence sans bornes de ma femme, sa bonté, sa générosité pour vous, sa patience à supporter vos rebuffades et vos brutalités. Il est bien inutile de nier des discours qui sont parfaitement d'accord avec toute votre conduite depuis que je suis marié. Apprenez qu'on ne me trompe point quand je veux observer ; j'ai un peu trop d'expérience pour me laisser abuser ; je ne juge qu'avec réflexion et d'après ce que j'ai vu, et je vois bien. — Oui, dit Mathilde, il a de bons yeux : je ne crois pas qu'il y ait au monde un coup d'œil plus sûr et plus pénétrant que le sien. Ce compliment charma mon oncle. — Malgré votre jeunesse, ma belle, reprit-il, vous verriez tout aussi-bien si vous n'aviez pas une candeur et un excès de bonté qui très-souvent aveuglent. Enfin, poursuivit-il en m'adressant la parole, je vous le répète, il faut que tout cela finisse ; il y a long-temps que j'aurais éclaté si ma femme ne m'eût retenu. Vous aimez mieux le pain des étrangers que le mien : vous m'avez dit que M. le vicomte d'Inglar, votre *puissant* protecteur, vous prendrait, à son mariage, en qualité de secrétaire ; mais tous les mariages de cette famille se retardent de jour en jour : Dieu sait s'ils se feront. Voici ce que je vous propose : d'aller à Londres retrouver M. le vicomte ; si par hasard il ne se souciait plus de vous, alors vous iriez travailler chez mon correspondant anglais, M. Seamer, pour lequel je vous donnerai une lettre, et qui vous recevra très-bien. Au reste, la pension de mille francs que je vous ai donnée vous suivra partout : avec cela et ce que vous savez faire, vous vivrez fort bien. Mais désabusez-vous de l'idée que votre orgueil vous donne de vos talens. Vous dessinez proprement l'ornement quand vous ne tombez pas dans le bizarre et le colifichet à force de chercher du nouveau ; vous n'êtes pas dans ce genre mon meilleur élève à beaucoup près. Quant à vos camées, ils sont soignés et agréables ; mais, sans prévention, ceux de Mathilde, moins léchés, ont plus d'effet, et ses figures ont plus d'expression. J'ai passé dix ans à vous enseigner l'ornement, et elle n'a pas pris six mois des leçons de vous : elle les a bien payées par tous les présens dont elle vous a comblé. Soyez, s'il est possible, à l'avenir, plus sage, plus modeste et plus reconnaissant. Mon oncle, dis-je enfin, je ne crois nullement avoir des talens supérieurs, mais je suis assez jeune pour en acquérir; et j'en ai assez, dès à présent, grace à vos bontés, pour pouvoir gagner honnêtement ma vie en travaillant. Ainsi, je n'ai nul besoin de la pension que vous m'offrez; je l'aurais accepté avec joie quand j'avais votre amitié : je ne puis la recevoir avec votre disgrâce...—Je ne regarderais ce refus, interrompit mon oncle, que comme une impertinence de plus.... — Non, mon oncle, c'est le fruit de l'éducation que je vous dois. Quand m'ordonnez-vous de partir ? — Demain. A ce mot, mon cœur se serra. Je m'inclinai profondément et je me retirai. Comme j'étais au milieu de l'antichambre, j'entendis marcher derrière moi ; c'était mon oncle ; je m'arrêtai. Julien, me dit-il avec beaucoup d'émotion, quand je vous ai dit que vous pouviez partir demain, ce n'est pas un ordre que je vous ai donné ; cela signifie seulement que, de ce moment, je n'ai nul besoin de vous ; mais il va sans dire que vous êtes le maître de ne partir que dans quelques jours... dans huit ou dix... quinze... et plus... si cela vous convient.... Après avoir dit ces paroles avec un ton qui se radoucissait à mesure qu'il me regardait (car malgré moi, je pleurais), il se hâta de me quitter pour me cacher son propre attendrissement.

Quand je fus dans ma chambre, je donnai un libre cours à mes larmes : j'aimais mon oncle, qui avait d'excellentes qualités, et qui était mon bienfaiteur. Je ne pouvais supporter l'idée de me séparer de lui, non en bonne intelligence, par ma volonté et avec son consentement, mais chassé de chez lui !... Hélas ! me disais-je, dans mon enfance j'ai été banni de la maison paternelle, et dans ma dix-huitième année je le suis de chez mon plus proche parent, mon bienfaiteur, et sans l'avoir mérité! Qui me répondra que je serai plus heureux avec des étrangers !......Ces tristes réflexions me firent verser un déluge de pleurs! Combien je maudissais la femme audacieuse et si profondément fausse qui m'avait ainsi noirci auprès de mon oncle !... J'étais véritablement confondu, épouvanté de sa noirceur et de son effronterie. Elle avait moins de grâces et de talens que la baronne de Blimont, et elle avait dans le caractère quelque chose de moins bas; mais elle la surpassait infiniment en hardiesse, en manége et en hypocrisie. Toutes deux avaient au fond les mêmes idées et les mêmes sentimens : l'une, plus fière et plus ambitieuse, ne les montrait qu'avec mesure ou sûreté ; l'autre, ayant, d'après de justes conséquences, tiré de ses lectures des raisonnemens qui érigeaient en vertus tous les vices, s'appuyait sur des *principes* philosophiques qui lui paraissaient sublimes, et affichait avec orgueil le cynisme le plus impudent; et Mathilde, par conséquent, avait cent fois plus de duplicité. J'étais d'autant plus affligé, que je n'avais ni l'espoir ni le désir de me justifier auprès de mon oncle, puisque je n'aurais pu y parvenir, en supposant qu'il eût ajouté foi à mes discours, qu'en dévoilant Mathilde à ses yeux, c'est-à-dire en le rendant le plus malheureux de tous les hommes et en jouant le rôle si vil de délateur. Je pris donc le parti de me taire, de souffrir en silence, et de ne m'occuper que des moyens de quitter promptement cet asile toujours si cher où s'étaient écoulées les dernières années de mon enfance et les premiers jours de ma jeunesse.

## CHAPITRE XI.

*Portraits des hommes d'affaires. — On propose un voyage à Julien. — Il est présenté à de nouveaux personnages. — Il quitte la maison de son oncle.*

---

J'ALLAI trouver mon ami Durand, je lui contai tous les détails de ma situation. Après m'avoir attentivement écouté : Mon ami, me dit-il, j'ai ce qu'il te faut : tu sais, poursuivit-il, que mon beau-père s'est retiré des tracas du négoce ; qu'il se repose sur ses lauriers, c'est-à-dire sur un coffre-fort et sur soixante bonnes mille livres de rentes. Il m'a substitué à sa place en beaucoup de choses ; et, comme j'ai fait un cours de droit, ce qui ne sert (trop souvent dans le fait) qu'à se vanter de cet honneur, chose à la vérité fort utile dans un siècle de charlatanerie, il m'a conseillé de m'occuper du soin de rétablir les affaires des grands seigneurs qui se ruinent. Dans ce métier-là, les pratiques ne manquent pas. Les grands seigneurs avaient autrefois des intendans ; aujourd'hui presque tous n'ont que des régisseurs, et ils s'attachent à un homme de loi, non parce que cet homme connaît *les lois*, mais parce qu'il prête de l'argent tant que le fonds de la fortune peut répondre du principal et des intérêts ; qui, dans ce cas, sont au taux le plus haut possible. Cet arrangement est très-commode pour un seigneur paresseux, qui, désirant ne s'occuper que de son plaisir, veut se délivrer totalement de l'ennui de recevoir, de payer, de régler ses comptes et de calculer sa dépense. Si ce seigneur donne sa confiance à un fripon, il y gagnera d'être plus tôt et entièrement quitte, en trois ou quatre ans, de tous les embarras de ce monde, car il sera complétement ruiné au bout de ce temps. S'il s'adresse à un honnête homme, et qu'il suive exactement ce qui lui sera prescrit, on acquittera ses créances avec le profit de grandes et de justes réductions, avantages qu'il sera obligé de payer par les gros intérêts accumulés des sommes avancées. En cinq ou six ans, il sera tout-à-fait libéré, mais avec une considérable diminution de fortune : de sorte que, si l'expérience ne l'a pas corrigé, s'il ne se décide pas à mettre l'équilibre parfait entre sa recette et sa dépense, et à faire lui-même ses affaires en leur consacrant tous les jours une heure de ce temps précieux qu'il n'a jamais employé qu'en visites, aux spectacles, etc., la ruine, seulement retardée, sera toujours inévitable.—Pourquoi dis-tu, lui demandai-je, qu'il faut à un honnête homme cinq ou six ans pour arranger les affaires qu'on lui confie? Il me semble que cela pourrait s'effectuer beaucoup plus promptement.—Sans doute, si l'on n'avait qu'une seule *pratique*; mais quand il faut travailler pour plusieurs, cela traîne... — Et pendant ce temps, repris-je en riant, le trésor des gros intérêts s'augmente. — Oui, répondit Durand sur le même ton; et je t'assure qu'en affaires, cette idée, tant qu'il y a sûreté, a ralenti plus d'une fois l'activité d'un homme probe. Au reste, poursuivit-il, on est souvent injuste pour les gens d'affaires, en leur attribuant des ruines soudaines et épouvantables auxquelles ils n'ont aucune part. A quoi sert d'appeler un grand médecin si l'on ne veut pas suivre ses ordonnances, et de même lorsqu'on se remet entre les mains de l'homme d'affaires le plus honnête et le plus éclairé, quel profit en peut-on retirer si l'on ne fait pas un mot de ce qu'il conseille...... — Je vois toujours que l'état d'homme d'affaires est fort lucratif. — Mon ami, on commence à faire tant de cas de l'argent, que si cela dure, on en viendra à trouver fort simples des choses qui répugnent encore aujourd'hui; par exemple, l'agiotage, réputé déshonorant, cessera de l'être; et tout ce qui, sans voler positivetivement, fera gagner de l'argent, paraîtra permis et très-bon. Mais revenons à ce qui te regarde : j'arrange dans ce moment les affaires du marquis de Palmis; il va partir pour la Suisse avec son neveu : il m'a chargé de lui trouver quelque jeune littérateur, ou du moins un jeune homme spirituel, sachant un peu dessiner, qui aurait envie de faire ce voyage, qui durera trois mois. Je te proposerai : tu seras défrayé de tout; tu verras un pays curieux; et, quand tu reviendras à Paris, tu y retrouveras le vicomte d'Inglar..... — Fort bien, mais je ne suis nullement littérateur... — Qu'importe, tu as de quoi le devenir; il y en a tant qui prétendent l'être et qui ne le seront jamais! Tu écris bien, tu as de l'esprit, de l'instruction; que te faut-il de plus ? — Mais à quoi leur serai-je bon? — A dessiner quelques croquis de vues, à faire des notes sur le voyage et à *rédiger*, c'est-à-dire, à écrire tout entier le journal du marquis, qu'à son retour à Paris il donnera comme de lui dans la société, et qu'il fera peut-être imprimer sous son nom, si la fureur du bel esprit qu'il a eue quelque temps lui reprend. — Quel caractère a ce marquis ? — Aucun : il prend toujours les sentimens, les opinions, les goûts des gens avec lesquels il vit d'habitude. On l'a vu tour à tour prodigue, avare, dissipateur, austère dans sa conduite, libertin. Le fait est que sa paresse d'esprit, sa légèreté, sa frivolité naturelle sont si extrêmes, qu'il ne peut mettre de suite à rien; et que, faute d'approfondir et de réfléchir mûrement, il se livre à toutes ses impulsions, se laisse entraîner par l'exemple, et n'a pas une idée fixe dans la tête ni une affection constante dans le cœur. Néanmoins, il n'est ni méchant ni corrompu. Ses erreurs ne sont jamais sans ressources, parce qu'elles ne sont ni préméditées ni raisonnées, et qu'on est sûr qu'elles ne s'enracineront point ; mais aussi ses sentimens et ses actions honnêtes ne donnent aucune garantie pour l'avenir, une base solide y manque ; existence déplorable qui n'offre de certain qu'une faiblesse invincible et une éternelle inconstance. — Quel âge a-t-il ? — Trente-cinq ans. Il est marié depuis deux à la plus belle personne de Paris, remplie d'esprit, de grâces, de vertus, et il lui a déjà fait trois ou quatre infidélités; mais, dans ce moment, tu le trouveras dans une bonne veine; l'affaiblissement alarmant de sa santé, et le dérangement de ses affaires viennent de le jeter subitement dans une réforme complète. Il aurait, dans cet instant, et de très-bonne foi, beaucoup plus de goût pour la Trappe que pour la cour. Les médecins lui ordonnent de voyager pendant quelques mois : il a préféré la Suisse, comme étant le pays le plus sauvage et l'un des plus intéressans, dit-il, par la simplicité de ses mœurs. Sa femme voulait le suivre; mais, par des vues d'économie, il la laisse avec sa mère. Il n'emmène avec lui que son jeune neveu, âgé de seize ans, et le précepteur de cet enfant.—Cet enfant est donc fils de son frère?—Oui, du duc de Palmis, son frère de père seulement; le duc est plus vieux que le marquis, et de vingt ans. Après quelques années de veuvage il s'est remarié, il y a un an, à une jeune personne de dix-sept ans, et qui, par conséquent, en a dix-huit aujourd'hui.

Ces deux frères sont heureux en femmes, car la duchesse est aussi un ange de figure et de caractère. Son mari est bourru, jaloux, morose, violent; elle ne se plaint point, paraît être heureuse et n'oppose à sa brutalité qu'une patience et une douceur véritablement célestes. Un mois après son mariage, le duc la mena aux eaux de Plombières qui lui étaient ordonnées; j'y étais avec ma femme, que la duchesse prit dans la plus vive amitié; et, malgré la distance que le rang et la naissance de la duchesse mettent entre elles, cette liaison subsiste et durera, j'en suis sûr, car elle est fondée sur une parfaite sympathie. Ma Sophie est moins jeune que la duchesse; mais elle m'a dit que cette dernière avait l'esprit le plus solidement cultivé et une raison tout à fait au-dessus de son âge. Eh bien, repris-je, arrange cela si tu peux; je serai charmé de faire ce voyage, il me distraira peut-être de mes chagrins.

Durand m'assura qu'il était certain du succès. Alors, un peu moins inquiet, je retournai sur-le-champ à la maison. Mon oncle allait se mettre à table: je pris en silence place ordinaire. Je trouvai à mon oncle l'air triste, embarrassé et très-radouci avec moi. Je remarquai dans son ton avec Mathilde quelque chose d'un peu sec qu'il n'avait jamais eu. Je devinai qu'il lui avait montré quelques soupçons de l'exagération des rapports faits contre moi, et qu'ils avaient eu ensemble, sinon une dispute, du moins un entretien mêlé de quelques reproches, et Mathilde ne pouvait dissimuler un fonds d'humeur qui perçait malgré elle. Après le dîner, j'allai m'enfermer dans ma chambre pour y travailler avec ardeur jusqu'à trois heures du matin à un ouvrage pour la boutique, et je le finis avant de me coucher, ce qui ne m'empêcha pas de me lever, comme de coutume à sept heures. J'envoyai cet ouvrage à mon oncle, afin qu'il vît que j'avais passé la nuit pour le terminer. A huit, Durand entra dans ma chambre, en me disant que mon affaire était faite; qu'il reviendrait me prendre à midi, pour me mener chez le marquis, avec lequel je partirais sous trois jours pour la Suisse. Durand ne resta qu'un instant chez moi. Aussitôt qu'il m'eut quitté, j'écrivis à mon oncle une lettre très-simple et très respectueuse pour lui rendre compte de cet arrangement et de mes projets, et pour lui demander s'il les approuvait, et ses ordres. Mon oncle n'était pas sorti; je lui envoyai cette lettre: au bout d'une demi-heure il me fit appeler. Je le trouvai seul dans son cabinet; il était troublé, attendri... Il me fit asseoir et dit qu'il approuvait mon voyage, et, comme il me l'avait déjà dit, mon projet de m'attacher à mon retour au vicomte d'Inglar, qui était un jeune seigneur aussi recommandable par sa sagesse et sa conduite que par sa naissance. Mais, poursuivit-il, Julien, si j'ai quelque autorité sur vous, et si vous avez quelque reconnaissance de tout ce que j'ai fait pour vous, vous ne me quitterez point sans me le prouver. — Parlez, mon oncle, si cela est en mon pouvoir... — Oui, entièrement; il faut d'abord accepter, comme une preuve d'affection paternelle, la pension que je vous donne; j'ai placé en votre nom vingt mille francs chez M. Rouan, notaire; la rente vous en appartient. — Quand vous daignez, mon oncle, me parler avec tant de bonté, vous devez être certain que je la recevrai avec une vive reconnaissance. — Il faut encore partir d'ici sans rancune. Alors il me fit un grand éloge de sa femme, me protesta qu'elle me chérissait, et que c'étaient mademoiselle de Versec et les domestiques qui lui avaient fait contre moi les rapports les plus fâcheux ; qu'en général sa femme m'avait toujours défendu. Il ajouta qu'il était persuadé qu'il y avait dans tout cela beaucoup de malentendu ; qu'il ne doutait pas de mon attachement ; qu'il me reconnaissait d'excellentes qualités ; et que, malgré la sévérité qu'il m'avait montrée la veille, et qu'il avait peut-être de premier mouvement, poussée un peu trop loin, il m'aimait comme son propre fils. A ces paroles, je fondis en larmes ; il m'embrassa avec un extrême attendrissement ; je le serrai dans mes bras. Tu seras toujours mon bon Julien, me dit-il ; conviens que tu as des torts avec Mathilde, et que tu n'as pas répondu, comme tu le devais, surtout dans ces derniers temps, à l'amitié qu'elle a pour toi ; car cela je l'ai vu de mes yeux. — Mon cher oncle, dès que vous rendez justice à mes sentimens pour vous, je ferai tout ce que vous m'ordonnerez. — Viens embrasser ma femme... — De tout mon cœur. Mon oncle, à ce mot, me prend par la main et m'entraîne; nous sortons de son cabinet. Il fallait, pour aller chez Mathilde, traverser un long corridor fort obscur; à quelques pas de la porte de la chambre de Mathilde, mon oncle s'arrêta et me dit tous bas : Tu commenceras par lui faire *un petit bout d'excuse; c'est une femme, et ma femme, ça ne doit pas te coûter; fais cela pour moi, mon garçon.* Combien, pour un cœur sensible, la bonhomie est plus entraînante et plus persuasive que l'éloquence la plus séduisante de l'artifice!... Je promis tout. Nous entrons dans la chambre. Mathilde était seule : je m'avance vers elle, en disant avec un véritable élan de sensibilité ( car je ne pensais qu'à mon oncle ) : Ma chère tante, je vous prie d'oublier mes fautes et mes torts et de me rendre votre amitié. — Mon cher Julien, répondit-elle de fort bonne grâce, je n'ai jamais cessé de vous aimer; et si j'ai fait quelque chose qui vous ait déplu, soyez sûr que mon cœur n'y avait aucune part. En prononçant ces paroles, elle me tendit une main que je baisai. Mon bon oncle, tout en larmes, s'écria : Mathilde, embrasse-le.... ce qu'elle fit avec toute l'expression de la sensibilité. Mon oncle nous pressa contre son sein ; nous pleurions tous les trois, et je crois que, dans cet instant, les larmes de Mathilde et son attendrissement étaient sincères. Il n'y eut point d'explication. Mathilde, à qui mon oncle avait montré ma lettre, certaine qu'elle allait être débarrassée d'un témoin importun, et que je partirais sous trois jours, n'avait en effet plus d'animosité contre moi ; d'ailleurs elle me savait gré de n'avoir pas essayé, même indirectement, de me défendre en l'accusant. Ainsi la bonne intelligence se trouva parfaitement rétablie entre nous trois.

Durand vint me prendre en fiacre à midi et me mena chez le marquis de Palmis ; il nous reçut dans sa chambre à coucher ; nous le trouvâmes avec son médecin (qui prenait congé de lui), la marquise et la duchesse de Palmis, sa belle-sœur. Je fus ébloui de la beauté et charmé des grâces de ces deux dames; la figure de la marquise était plus frappante et plus grecque : celle de la duchesse avait une expression de douceur et d'ingénuité qui me rappelait la charmante physionomie d'Édélie, et, par cette raison, elle me plut davantage. Le marquis de Palmis, qui était en robe de chambre, m'accueillit avec beaucoup de bonté. Je ne crains qu'une chose, me dit-il, c'est de vous ennuyer, car ma mauvaise santé me rend sérieux et bien maussade; je suis si vieux !.... Comme vous étiez fort jeune et fort gai il y a huit mois, dit la marquise, j'espère qu'au bout d'un mois de voyage, M. Delmours vous verra dans votre état naturel; l'air pur des montagnes vous guérira sûrement. Le marquis, pour toute réponse, fit un profond soupir; et la marquise, se tournant vers la duchesse : Octavie, dit-elle, comme Tiburce sera heureux d'avoir un si jeune compagnon de voyage! La duchesse sourit en me regardant, et ce sourire exprimait tout ce qu'on peut dire de plus aimable;

elle me recommanda ce jeune homme, dont elle était la belle-mère, et ce fut avec le ton de la plus touchante affection pour lui : Soyez tranquille, ma sœur, reprit le marquis, je suis certain qu'ils s'accommoderont fort bien ensemble; tandis qu'ils graviront les montagnes, je me reposerai dans quelques chaumières; ils se divertiront et causeront tout à leur aise, et moi j'étudierai les mœurs de ces bons Helvétiens, et je moraliserai avec l'abbé... J'écoutais attentivement ce mélancolique marquis, car ce langage de vieillard me paraissait fort curieux dans la bouche d'un homme de trente-cinq ans. Je ne savais pas encore que, vu en passant, un homme blasé, ainsi qu'un ambitieux déçu, ressemble assez à un sage; il en a du moins les discours. La marquise me questionna sur mes camées. Durand qui avait apporté exprès le profil de Sophie, que j'avais fait nouvellement pour lui, s'empressa de le lui montrer; la marquise le loua à l'excès, avec cet air animé qu'elle mettait à tout ce qui lui plaisait. La duchesse assura que la ressemblance en était parfaite, elle ajouta les choses les plus obligeantes sur l'esprit et le caractère de Sophie ; rien de ce qu'elle disait n'était froid, et rien en elle n'avait l'air ou le ton de l'exaltation ; elle conservait toujours en toutes choses du calme et de la réserve. On voyait une certaine retenue dans ses discours et dans ses actions, qui la caractérisait particulièrement, et qui, sans exclure la profonde sensibilité, ne lui permettait jamais de montrer de l'enthousiasme. Il y avait de la pudeur dans son amitié même, et jusque dans sa plus vertueuse admiration. La marquise avait un cœur aussi sensible et aussi pur, mais une tête infiniment plus vive, un caractère beaucoup moins réfléchi ; certaine de ne pouvoir aimer que ce qui est estimable, elle se livrait toute entière à ses affections, sans penser qu'il est possible d'être trompé, et sans prévoir les dangers de tout sentiment passionné !..... Avec sa beauté, sa jeunesse, une incontestable supériorité d'esprit, des talens enchanteurs, une extrême franchise et un mari bien peu digne d'elle, qu'elle voyait sans illusion, elle était depuis deux ans dans le plus grand monde, sans que sa réputation eût encore souffert la moindre atteinte; elle aimait sa mère et sa belle-sœur avec toute l'énergie de son âme et toute l'ardeur de son imagination; et, se reposant, avec toute la sécurité de l'inexpérience et d'une grande élévation de caractère, sur l'innocence de ses affections, sur la pureté de ses principes, de ses sentimens, de ses projets, et n'imaginant pas qu'il y eût pour elle, dans la vie, des écueils à éviter et des périls à craindre, elle entrait gaiement et sans précaution dans cette brillante, mais dangereuse carrière.

Après avoir épuisé tout ce qu'on pouvait dire d'obligeant sur mon camée, elle nous mena, Durand et moi, dans son cabinet, pour nous faire voir des miniatures de son ouvrage, que je trouvai d'une si grande beauté que je soupçonnai très-injustement qu'elles n'étaient point d'elle; les supercheries de Mathilde m'avaient donné beaucoup de défiance sur les talens des dames en ce genre.

La marquise nous parla de sa belle-sœur

d'une manière qui me toucha ; elle nous en fit un portrait qui représentait la plus parfaite de toutes les créatures, et j'ai connu depuis qu'il n'était pas exagéré. Elle me vanta aussi très-vivement le caractère, l'esprit et les agrémens du jeune Tiburce. Nous retournâmes dans la chambre du marquis ; la duchesse me fit quelques questions sur Edélie avec qui elle avait été au couvent et qu'elle aimait. Tout ce qu'elle me dit à ce sujet, la rendit encore plus intéressante à mes yeux.

Je sortis de cette maison, enchanté de ces deux dames, mais néanmoins suspendant mon jugement sur leur vertu et leur sincérité, car la baronne de Blimont et Mathilde m'avaient donné en général bien mauvaise opinion des femmes.

J'écrivis au vicomte d'Inglar pour lui rendre compte de ma situation et du voyage que j'allais faire. Je portai de jolis présens à ma petite sœur Casilde, et je fis mes adieux à ma mère. Je la trouvai seule; elle se plaignit sans détour de la mauvaise conduite de son mari ; et, pour la première fois, elle me dit qu'il s'emparait de tout l'argent et qu'il la laissait manquer de tout ; j'avais amassé de mes petites épargnes environ huit cents francs ; je lui en envoyai six cents qui lui firent un grand plaisir.

La veille de mon départ je reçus la bénédiction de mon oncle avec autant d'attendrissement que de respect, et je quittai la maison le lendemain, avant le réveil de mon oncle, le 28 mai, à six heures du matin.

## CHAPITRE XII.

*Portrait du jeune Tiburce. — Voyage en Suisse. — Nouvelles que Julien reçoit de Paris. — Son retour en France.*

Je ne sortis de la maison de mon oncle qu'avec un cruel serrement de cœur ; car, malgré la tendresse de ses adieux, j'en étais banni !.. Je me rendis à six heures chez le marquis ; je trouvai les chevaux de poste dans la cour, mais le marquis n'était pas encore habillé. J'attendis dans le salon où étaient déjà Durand, l'abbé Aillet et son élève le jeune

Tiburce, qu'on appelait le baron de Palmis. Comme Durand me nomma, Tiburce aussitôt vint à moi, et me dit avec grâce beaucoup de choses obligeantes ; l'abbé m'examina d'un air sévère et ne me parla point. Tiburce avait une figure charmante et des manières remplies de grâce et de vivacité ; je n'ai vu à aucun homme autant de franchise et de gaîté ; il avait naturellement ce qu'on appelait alors *du trait dans l'esprit* ; personne n'a été plus cité pour ses saillies et ses bons mots. Ce genre d'esprit n'exclut pas, comme on le croit, la solidité ; mais il y nuit, parce qu'il produit dans le monde les succès les plus agréables, ceux du moment, et qu'en persuadant que la réflexion est inutile, il accoutume à n'en jamais faire. Enfin, Tiburce était bien élevé, il avait un excellent coeur ; cependant on voyait déjà que l'impétuosité de ses premiers mouvemens et de son caractère aurait sur lui beaucoup plus d'influence que ses principes et sa raison.

Au bout de trois quarts d'heure, le marquis envoya chercher Durand pour lui parler d'affaires ; il resta renfermé avec lui plus d'une heure. Pendant ce temps, je regardais avec humeur à ma montre, en pensant que le marquis m'avait expressément recommandé d'arriver chez lui à *six heures précises*. Je n'étais pas encore accoutumé à ces manières de certains grands seigneurs qui se croient des ministres d'état lorsqu'ils font attendre leurs inférieurs des heures entières, et souvent (comme je l'ai vu depuis) en se promenant avec indolence dans leur cabinet, sans dire un mot et sans penser. Tiburce était charmé de ce retard, parce qu'il espérait que, pendant cette longue attente, la marquise se réveillerait et qu'il la verrait encore un moment avant notre départ; mais le marquis vint nous retrouver à huit heures. Nous descendîmes sur-le-champ dans la cour; nous montâmes dans la diligence du marquis qui s'établit dans le fond avec l'abbé; nous nous plaçâmes, Tiburce et moi, sur le strapontin, et l'on partit.

L'abbé Aillet, âgé alors de quarante-six ans, n'était pas, à beaucoup près, un instituteur aussi parfait que l'abbé Desforges; mais il ne manquait ni d'instruction ni de mérite.

Il avait naturellement beaucoup d'humeur qu'il donnait pour de la gravité ; morose et frondeur, il ne souriait et ne s'égayait un peu que lorsqu'il censurait les mœurs, les lois et les gouvernemens, car il ne se permettait pas de médire des personnes. Il ne louait qu'avec beaucoup de sécheresse et avec un air presque consterné. Son élève ne l'aimait guère et ne le craignait point du tout. N'obtenant jamais son approbation, il ne faisait pas la moindre attention à son mécontentement. Le voyage m'amusa beaucoup ; en voiture ou sur les lacs, l'abbé critiquait les usages, les costumes des Suisses ; il dénigrait les plus beaux sites et se plaignait du chaud ou du froid ; le marquis *étudiait les mœurs des bons Helvétiens*, en dormant sur les bateaux ou dans les auberges ; Tiburce disait et faisait mille folies ; je grimpais avec lui sur les arbres et sur le sommet des montagnes ; je dessinais, j'écrivais et le temps s'écoulait avec rapidité.

Le jeune Tiburce prit pour moi une amitié passionnée ; j'eus aussi le bonheur de ne pas déplaire à l'abbé. Je le questionnai sur la duchesse de Palmis ; il me répondit seulement que c'était une personne sur le compte de laquelle *il n'y avait rien à dire.* C'était là sa plus grande louange lorsqu'il parlait d'une femme. Mais Tiburce me parla de sa belle-mère avec enthousiasme ; il montrait les lettres qu'il recevait d'elle, et je ne pouvais admirer assez le style, la raison et la sensibilité de ces lettres. La duchesse, mariée depuis quinze mois, était devenue grosse tout de suite ; elle était accouchée, au bout de dix mois, d'un garçon qu'elle avait nourri ; et, dans ses lettres à Tiburce, elle ne lui parlait que de cet enfant ; elle lui disait qu'elle voulait que par la suite il en devînt le guide et le mentor quand il débuterait dans le monde ; elle entrait dans une infinité de détails à cet égard, et avec une grâce inexprimable. Ces doux projets faisaient sur Tiburce la plus touchante et la plus vive impression. Oui, me disait-il, j'ai quinze ans de plus que mon petit frère ; je serai tout-à-fait raisonnable quand il aura mon âge, et je lui serai plus utile qu'un abbé. C'est alors que je pourrai prouver à ma charmante belle-mère combien je suis re[connaissant] de tout ce qu'elle fait pour mo[i].

En effet, par la suite, Tiburce fut, po[ur] son jeune frère, le plus utile ainsi que [le] plus aimable de tous les mentors. La du[-]chesse trouva en ceci, comme à tant d'au[-]tres égards, la récompense de sa raiso[n] et de ses angéliques vertus, et il est cer[-]tain que si elle eût été une mauvaise belle[-]mère, son fils aurait fait le malheur d[e] sa vie; mais les soins et la vigilance de Tiburce l'arrachèrent à des dangers qu'un[e] femme n'aurait pu ni prévoir ni même con[-]naître.

Cependant, vers la moitié du voyage[,] le marquis commença tout à coup à sorti[r] de son apathie; sa santé se rétablissait [à] vue d'œil; nous séjournâmes à Genève, [il] s'y amusa, y devint amoureux, et repri[t] subitement le ton, les manières et la con[-]duite d'un jeune homme. J'étais indigné d[e] voir le mari de la plus belle femme de l'Eu[-]rope s'oublier, à Genève, pour une co[-]quette de la figure la plus médiocre, et qu[i] n'avait qu'un esprit très-commun; mais l[a] conquête d'une *Helvétienne* lui paraissa[it] le triomphe le plus flatteur. Pendant qu'il s'y livrait tout entier, je reçus une lettre de Durand, qui m'apprit qu'Eusèbe était de retour; que sa sœur allait enfin épouser le comte Joseph, et qu'Eusèbe lui-même devait se marier quinze jours après. Je gémis sur le sort de l'aimable Edélie, et j'attendis avec impatience des nouvelles directes d'Eusèbe. Je n'en eus qu'en revenant en France. Je trouvai à Lyon une lettre de lui. Il me faisait part de son mariage; il avait épousé la fille du maréchal de\*\*\*; sa lettre était courte et triste; elle m'inquiéta. J'imaginai qu'on lui avait fait faire, ainsi qu'à Edélie, un mariage d'ambition; et je m'affligeai, en pensant que deux personnes qui m'était si chères ne seraient vraisemblablement pas heureuses.

## CHAPITRE XIII.

*Retour de Julien à Paris. — Sa douleur en arrivant. — Son entretien avec Eusèbe.*

LE vicomte d'Inglar m'avait mandé que dans un an il aurait une maison à lui, et qu'en attendant il logerait avec sa femme chez ses parens, et que j'aurais sur-le-champ le petit appartement d'Édélie, vacant par son mariage.

Ayant passé une nuit pour arriver plus vite, nous nous trouvâmes aux barrières de Paris à huit heures du matin. Mon premier soin fut de me rendre chez le vicomte d'Inglar. Quelle fut ma douleur de le trouver au lit et sérieusement malade d'une fièvre inflammatoire! Il avait toute sa tête, et me revit avec une sensible joie. Sa nouvelle épouse et sa mère venaient à des heures réglées s'établir trois fois par jour dans sa chambre. Son père était en Dauphiné, et sa sœur dans une terre en Normandie. Le bon abbé Desforges et moi nous ne quittâmes pas un instant sa chambre pendant six jours qu'il fut en danger. Le quatrième, se sentant beaucoup plus mal, il demanda et reçut tous ses sacremens avec autant de calme que de piété. Deux heures après, comme nous étions seuls avec lui l'abbé et moi, il nous regarda avec attendrissement en disant: Comme vous êtes changés tous les deux! Ah! mes amis, poursuivit-il, serait-ce donc un malheur de finir paisiblement au milieu des siens, et avec l'âge de raison, une vie dont rien encore n'a souillé l'innocence ?...... Si Dieu dispose de moi, je ne regretterai point l'incertain et redoutable avenir !.... J'ai connu le bonheur des affections légitimes et le charme des plaisirs qui ne laissent ni trouble ni remords ; j'ai connu toute la douceur de la tendre pitié, qui peut secourir l'infortuné qui l'implore ! Les livres seuls m'ont appris qu'il existe des ingrats et des calomniateurs !.... Que m'offrirait de plus une longue suite d'années ! De douloureux combats, et peut-être de funestes revers !..... L'expérience acquise aux premiers jours de la jeunesse est si riante !... Mais celle de l'âge mûr et de la vieillesse est toujours sévère et souvent accablante... Il s'arrêta, en voyant que ce discours, loin de nous consoler nous arrachait l'âme.

Le soir même, Edélie, à laquelle on avait envoyé un courrier, arriva. J'étais si absorbé dans mon inquiétude, que sa vue, qui me toucha vivement, ne me causa qu'une émotion relative à son frère. Je fus content de sa douleur ; j'étais difficile sur ce point. Enfin, le septième jour, le médecin nous annonça qu'il était hors de tout danger. Ce moment de bonheur ne peut se décrire; nous ne nous livrâmes à tous les transports de notre joie que lorsque nous nous retrouvâmes seuls avec notre cher malade. Pour la première fois j'osai baiser la main d'Edélie; elle m'embrassa de premier mouvement, et sur-le-champ elle embrassa aussi l'abbé. Nous fondions en larmes. Edélie me menant au chevet du lit de son frère : Cher Eusèbe, lui dit-elle en me montrant, aimez-le toujours, il le mérite. L'attendrissement du vicomte fut extrême. L'abbé vint nous arracher d'auprès de lui et nous fit asseoir à l'autre extrémité de la chambre. Entièrement rassuré sur Eusèbe, il ne me fut plus possible, sans éprouver un trouble affreux, d'entendre donner à Edélie le titre de son mari; ce nom de *comtesse de Velmas* me causait le plus pénible battement de coeur; mais je cachai parfaitement cette impression involontaire, et personne au monde ne la soupçonna.

La pureté du sang et la bonne consti

tution du vicomte lui épargnèrent toutes les longueurs de la convalescence : il se leva le huitième jour, et, cinq ou six jours après, il avait repris sa belle carnation, son embonpoint, et il était en parfaite santé. Nous eûmes alors tête à tête, un long entretien. Mais, avant d'aller plus loin dans ma narration, je dois placer ici quelques traits du beau caractère du personnage qui doit jouer un rôle si mystérieux et si intéressant dans le cours de cette histoire : son digne instituteur n'avoit point prétendu lui donner une vaste et brillante érudition; il avait lu avec lui tous les ouvrages véritablement supérieurs dans notre langue, et il n'appelait ainsi que les livres dans lesquels on trouve au plus haut degré de perfection la beauté du style réunie à celle des pensées et à la pureté de la morale. Il médita profondément avec lui sur ces chefs-d'œuvre pendant les cinq dernières années de son éducation; il lui fit sentir toute la sublimité de cette morale, toujours utile, toujours conséquente et invariable, parce qu'elle est fondée sur une base immortelle : la religion. Enfin, il lui inspira le plus juste mépris pour tout ouvrage contraire à ces principes éternels, pour tout système et toute opinion qu'on ne peut soutenir qu'en accumulant les mensonges, les calomnies et les contradictions (1). Quand il eut ainsi formé sa raison, son jugement et son cœur, il lui donna un manuscrit qu'il avait composé pour lui, et qu'il lut avec lui. C'était un extrait tiré des œuvres *philosophiques* de quelques auteurs modernes, et qui avait pour titre : *Mensonges et contradictions des détracteurs de la religion*. L'abbé prévint son élève que cet extrait ne contenait pas la dixième partie des mensonges de ces auteurs, mais qu'il y en avait assez pour convaincre un bon esprit que de tels imposteurs ne pouvaient séduire que les gens les plus irréfléchis ou les plus ignorans. Il ajouta qu'il verrait

---

(1) Le chef de la secte a surpassé dans ce genre tous les écrivains de son parti. Jamais auteur n'a fait autant de fausses citations. *Quand M. de Voltaire lit un ouvrage* (dit le président de Montesquieu), *il le refait, et ensuite il critique ce qu'il a fait.* — Lettres familières de Montesquieu.

dans cet extrait des mensonges si grossiers, et si impudens qu'il les lui ferait vérifier sur les ouvrages originaux, parce qu'il était hors de toute vraisemblance que l'on osât mentir avec cet excès d'effronterie ; et ce fut en effet ainsi qu'ils firent cette lecture qui causa au jeune Eusèbe toute l'indignation que la mauvaise foi la plus odieuse et la plus déhontée peut inspirer à un grand caractère dont rien n'a jamais altéré la candeur et la droiture. Aussi lorsqu'il entra dans le monde, les passions du moins furent pour lui sans logique et leurs apôtres sans autorité ; et avec l'âme la plus sensible et la plus susceptible d'exaltation, il parcourut une carrière orageuse, non avec calme et sécurité, mais avec une volonté ferme de suivre toujours la noble route qu'il s'était tracée. A son entrée dans le monde, il fut vivement frappé de la déraison des préjugés du faux honneur, de l'exagération de certains sentimens, du peu de fondement de la plupart des prétentions, et surtout de l'inconséquence et de l'opposition révoltantes qu'il remarqua entre les discours et les conduites ; les mœurs et les lois. Son extrême sensibilité le préserva de la misanthropie, mais il n'aima jamais le monde. Cependant, dès son début, il y fixa sur lui tous les regards, par l'agrément et la beauté de sa figure, l'expression de sa physionomie, la grâce et la réserve de son maintien. L'usage du monde apprend que l'on a bien rarement, dans la jeunesse, une certaine perfection de ton et de manières, si l'on est dépourvu d'esprit. Quoique le vicomte d'Inglar fût peu communicatif, et en général silencieux, on s'accorda universellement à lui trouver l'esprit le plus distingué, et il eut dès lors cette sorte de considération sérieuse qui ne semble faite que pour l'âge mûr, mais que les jeunes gens obtiendront toujours, lorsque, exempts de toute pédanterie, ils seront à la fois sages, modestes et réfléchis. Je n'avais jamais remarqué dans le vicomte qu'un seul défaut, c'était une inégalité d'humeur qui n'allait pas jusqu'à la désobligeance, mais qui donnait quelque chose d'inquiétant pour son commerce, si doux et si agréable d'ailleurs. Un jour que je le lui reprochais, il mit la main sur son cœur en disant : Il y a là je ne sais quoi qui fermente et qui m'annonce que je ne serai pas heureux. Cette réponse m'attendrit et me frappa, et j'ai souvent pensé depuis que tous les cœurs faits pour aimer passionnément pouvaient avoir cette espèce de pressentiment mélancolique !... Dans ma conversation avec le vicomte, après sa maladie, je lui demandai si son mariage le rendait heureux. Il me fixe, répondit-il, et c'est déjà un bonheur pour moi. On m'a donné une femme vertueuse, aimable, bien élevée ; tout ce que peut désirer un homme raisonnable dont le cœur est lie. Après cette réponse, il changea de conversation. Il me parla de moi, de mes intérêts, des études que nous ferions ensemble tous les matins, et il ajouta : Nous nous connaissons et nous nous aimons depuis l'enfance, et j'ai toujours eu l'idée de vous attacher à mon sort. Nous ferons ensemble ce périlleux voyage de la vie ; vous pouvez compter sur la constance de mon amitié : je n'exige de la vôtre qu'une chose, c'est que vous ayez un but, par conséquent un plan de conduite, et que vous le suiviez avec persévérance. Le mien est de me distinguer des jeunes gens vulgaires, par la sagesse, la prudence et la vertu; de pratiquer enfin ce que j'admire, et de prendre sans délai le parti qu'il faut toujours prendre un jour quand on est bien né. Par quel aveuglement néglige-t-on d'acquérir l'estime publique dans l'âge où il est si glorieux de l'obtenir, qu'elle est toujours alors mêlée d'admiration? dans le seul âge où la vertu puisse être parée de tous les charmes qui séduisent!..... Il y a eu dans tous les temps (à la vérité en bien petit nombre) des hommes irréprochables depuis leur première jeunesse. Comment n'a-t-on pas l'ambition de se placer dans cette noble classe! Il faudrait suivre cette route glorieuse quand on serait certain de n'y trouver que des épines et des persécutions ; mais songeons qu'au contraire elle est la plus sûre, et qu'elle conduit à tout pour peu qu'on ait des talens ; et quel est l'homme qui n'a pas quelque talent, lorsqu'il maîtrise ses passions, et que, suivant cette admirable expression de l'Ecriture, il est au-dessus de l'ensorcellement des niaiseries (1). Sou-

_____

(1) *La Sagesse*, chap. 4.

tenons-nous mutuellement, mon cher Julien, dans ce grand projet, qui, en supposant même le malheur de tous les événemens qui ne dépendent pas de notre volonté, nous procurera toujours les biens les plus désirables dont on puisse jouir sur la terre : la paix de l'âme, l'estime des honnêtes gens et la santé, que n'auront jamais altérées ni les fatigues de l'intrigue, ni la violence des passions, ni l'accablant ennui de la satiété, ni le trouble affreux des remords.

Combien ce discours était éloquent et persuasif dans la bouche d'un homme de vingt-deux ans, aussi instruit que spirituel, brillant de fraîcheur et de toutes les grâces de la jeunesse, et qui, dans le plus grand monde, depuis quatre ans, était parfaitement irréprochable ! Je l'écoutai avec un tel enthousiasme, qu'il me semblait que, pour mériter sa seule estime, il n'y avait point de sacrifices au monde que je ne fusse capable de faire avec transport. Je jure de suivre fidèlement votre exemple, dis-je; vous serez mon ange tutélaire; je ne puis vous offrir des secours ; vous trouverez tous ceux dont vous aurez besoin dans votre cœur et dans votre caractère, mais vous me les communiquerez ; je vous imiterai, et je vous promets une docilité constante... Non, non, reprit-il, la vertu et l'amitié établiront entre nous une parfaite égalité... Ecoute, Julien, poursuivit-il avec une véhémence que je ne lui avais jamais vue, écoute !..... Ceci n'est point une de ces associations vulgaires entre un patron et son client, entre un grand seigneur et son inférieur ; c'est l'union intime de deux âmes qui veulent s'identifier pour se fortifier dans le bien ; c'est un pacte sacré !.... Je te connais ; malgré ma jeunesse, je te regarde comme mon élève ; sous ce rapport, tu m'es doublement cher, et je crois avoir plus de droits à ta reconnaissance, que je ne pourrai jamais en acquérir en faisant ta fortune. A l'avenir, dans nos entretiens particuliers, oublions cette distance de convention humaine qui ne nous sépare qu'en apparence ; sois vertueux, tu seras mon égal ; surpasse-moi en grandeur d'âme, en talens, en instruction, c'est moi qui te respecterai; loin d'attendre de toi, des complaisances subalternes et des ménagemens pour mes faiblesses, je te demande de m'avertir sans détour de mes défauts et de mes torts; indulgent pour tout le monde, ne sois sévère qu'avec moi, ce sera l'être pour toi-même, car je te le rendrai; je ne verrai pas en toi la moindre imperfection sans te le dire avec une entière sincérité; on s'abuse toujours plus ou moins sur soi-même. Ainsi, pour devenir parfaits l'un et l'autre, autant que le comporte la faiblesse humaine, nous devons prendre cet engagement réciproque. A ces mots, cédant au mouvement le plus passionné, je tombai à ses genoux, en disant d'une voix entrecoupée : J'en fais le serment, et j'en atteste l'Etre éternel qui te guide et qui t'inspire !... O Julien! s'écria Eusèbe, ce serment si saint et si touchant est déjà ratifié dans le ciel !... En prononçant ces paroles, il se jeta dans mes bras et nos pleurs coulèrent délicieusement en silence. Nul langage n'aurait pu exprimer ce que nous éprouvions l'un et l'autre en ce moment d'un ravissement si pur !......

Auprès d'une telle joie, que sont les joies trompeuses du monde, de l'ambition et de la vanité !...... Quand notre émotion mutuelle fut un peu calmée, Eusèbe me confia ses idées sur l'*inégalité parmi les hommes;* elle est réelle, me dit-il, puisqu'elle se trouve dans leurs esprits, leurs qualités, leurs facultés. Un sot ne sera jamais l'égal d'un homme de génie ; un ignorant ne peut l'être d'un savant, et moins encore l'être vicieux de celui qui n'a jamais manqué à ses devoirs. La raison, toujours d'accord en morale avec la religion, n'admet donc comme véritable que cette seule égalité. Mais on en conclut généralement que le respect pour une illustre naissance est un absurde préjugé, et je crois que cette conclusion n'est pas tout-à-fait juste. On répète qu'on ne devrait honorer dans un citoyen que son propre mérite ; qu'il ne peut s'enorgueillir de celui de ses ancêtres, et que le nom qui lui est transmis est indifférent et n'est rien en lui-même. Je demande à la personne la plus exempte de préjugés, mais qui aura de l'élévation d'âme, s'il peut être indifférent de descendre d'un infâme scélérat ou d'un grand homme, et de s'appeler *Ravaillac*, *Cartouche*, *Mandrin* ou *Newton*, *Turenne*, *Racine*, etc. Faut-il donc trouver inepte la nation qui, découvrant dans la misère le rejeton d'un homme de génie, s'empresse de lui assurer un sort ?..... Ainsi, un beau nom n'est donc pas une chimère ; car il est impossible que, dans une longue suite d'aïeux qui ont occupé de grandes places, il ne s'en trouve pas plusieurs dont la mémoire mérite d'être révérée ; et il est naturel d'honorer dans leurs descendans les services qu'ils ont rendus à la patrie. Nous avons, repris-je, dans les classes roturières quelque chose de semblable ; car ceux qui ont un métier honorable et lucratif, tirent vanité de pouvoir dire qu'ils l'exercent depuis long-temps avec réputation *de père en fils* ; c'est pour eux un titre d'honneur et personne ne le conteste. Sans doute, repartit Eusèbe ; et si toutes les races plébéiennes conservaient des traditions de famille bien authentiques, il s'en trouverait beaucoup qui auraient des titres de véritable noblesse qui, dans l'origine, n'a pu être que de certaines distinctions accordées par la reconnaissance aux descendans des hommes qui ont utilement servi ou illustré leur pays par d'éminens talens, ou d'heureuses découvertes, ou de bonnes actions. Que d'actions admirables parmi le peuple sont ensevelies dans le plus profond oubli! Que d'individus dans cette classe ne savent pas que leurs grands-pères ont mille fois exposé leur vie pour sauver celle de leurs semblables, soit dans les incendies, soit en se jetant dans les fleuves! Que de soldats intrépides morts sur les champs de bataille après avoir fait des actions héroïques, et dont nous ne connaissons pas les noms! Que de traits de probité! que d'événemens touchans inconnus à des petits-enfans, qui, comme leurs pères, ne savent pas écrire! Les d'Anglade en Bourgogne, les Pinon en Auvergne, sont des familles de laboureurs qui comptent plus de cinq cents ans d'ancienneté *de père en fils* dans l'exercice des plus utiles travaux : leurs traditions de famille offrent une admirable monotonie qui, durant ce long espace de temps, réduit leur histoire entière à cette seule phrase : *Tou-*

se consacrèrent à l'agriculture et furent également laborieux et vertueux. Cette noblesse de l'âge d'or vaut bien celle de quelques gentilshommes qui sont aussi fiers de leur paresse que de leurs ancêtres. — Du moins *tous les hommes sont égaux devant la loi?* — Non, la parfaite égalité ne se trouve pas plus là qu'ailleurs. Supposons que deux hommes soient coupables d'un crime digne de mort, que l'un des deux n'ait ni esprit ni mérite d'aucun genre, et que l'autre soit rempli de génie et de talens; on fera grâce au dernier si l'on est sensible à la gloire nationale, et ce ne sera point une injustice. Milton, rebelle, conspirateur, échappa à la mort que tant d'autres subirent pour les mêmes crimes, parce qu'il annonçait déjà d'éminens talens; et il fit depuis le *Paradis perdu*. (1)...

---

(1) Un grand peintre italien, *Mattia Preti*, plus connu sous le nom du *Calabrois*, ayant tué deux sentinelles qui voulaient l'empêcher d'entrer à Naples, dans la crainte qu'il n'y apportât la peste, eût été condamné à mort sans le vice-roi, qui dit: *Excellens in arte non debet mori*. Ce grand artiste fit depuis presque tous ses chefs-d'œuvre. Il fut reçu chevalier

Tous les hommes ne sont donc point *égaux devant la loi*; ils ne le sont que d'une manière idéale, devant *la loi écrite*, qui prononce seulement contre les délits et les crimes. Mais les applications de *la loi* aux individus détruisent sans cesse, et doivent raisonnablement détruire cette prétendue égalité. Concluons, mon cher Julien, que tout n'est pas préjugé dans le prix qu'on attache à la naissance; mais il faut convenir aussi que celui qui porte indignement un beau nom, loin de mériter du respect, est beaucoup plus méprisable qu'un homme vicieux des dernières classes, dont rien naturellement n'a dû élever les idées et le caractère.

## CHAPITRE XIV.

*Etablissement de Julien chez le vicomte. — Portrait de la vicomtesse et de son frère le marquis de Solmire.*

La conversation dont je viens de rendre compte est une véritable époque dans ma

de Malte pour ses talens. Il mourut à Malte, quatre-vingt-quatre ans, en 1699.

vie; elle porta au comble mon admiration et mon attachement pour Eusèbe; il établissait l'égalité entre nous deux dans le secret de notre intérieur; avec toute la bonne foi de son beau caractère, il m'élevait jusqu'à lui et jamais *lettres de noblesse* ne donnèrent plus de satisfaction et d'orgueil au roturier le plus ambitieux et le plus vain.

Je pris possession de mon logement; c'était un petit entresol qu'Edélie avait toujours occupé, lorsqu'avant son mariage elle sortait du couvent pour deux ou trois jours. Cet appartement, composé d'une chambre et d'un petit cabinet, était situé à côté de celui de mademoiselle de Versec, avec laquelle j'étais un peu en froid, non-seulement parce que je croyais qu'elle avait fait à mon oncle, pour plaire à sa nièce, beaucoup de faux rapports contre moi, mais aussi parce qu'elle m'avait excédé, durant la maladie d'Eusèbe, par ses prétentions en médecine, et toutes *les recettes* qu'elle nous apportait tous les jours pour sa guérison, en censurant tout ce que faisaient les médecins. Nous l'avions extrêmement brusquée, l'abbé et moi; et elle nous boudait. Cependant, Eusèbe me conseillait de bien vivre avec elle, puisque je la retrouvais tous les jours à dîner et à souper; je lui fis une visite de voisin; elle me reçut assez bien, et je la menai deux ou trois fois chez mon oncle, en payant les fiacres; ce qui consolida notre raccommodement. Je trouvai mon oncle attristé, et sa femme plus brillante que jamais; je fus très-surpris de lui voir un costume qu'aucune femme de marchand n'avait encore adopté. Elle se coiffait en cheveux, elle portait des fleurs et des plumes, elle mettait du rouge. Cette nouveauté, à laquelle mon oncle s'était vainement opposé, scandalisa beaucoup les femmes de sa classe qui, presque toutes, six mois après, prirent en dépit de leurs maris, ce même costume (1). Mais celle qui la première osa sortir ainsi de la simplicité de son état, Mathilde, perdit aussitôt sa réputation; et mon oncle ne put l'ignorer, parce que toutes les personnes

---

(1) C'est ce qui est en effet arrivé quelques années avant la révolution.

de sa classe cessèrent entièrement de la voir.

Je bénissais chaque jour le ciel qui, non-seulement me rapprochait, mais qui m'unissait intimement à l'ami le plus cher et le plus digne de l'être. Combien j'aimais ce petit logement qu'Edélie avait habité ! Je m'affligeais en pensant que je le quitterais dans un an. En cherchant dans tous les meubles, avec l'espoir de pouvoir recueillir quelque traces d'Edélie, je trouvai d'abord dans une commode un petit bouton de rose artificiel que je serrai soigneusement. Mais quel fut mon ravissement en découvrant dans le tiroir d'une table, plusieurs esquisses de petits dessins coloriés, faits par elle, entre autres un emblème de l'espérance représentant un ancre de vaisseau sur le haut duquel un nid d'oiseaux était posé ! Au bas de cet emblème, à peine ébauché, était écrit le mot anglais : *hope*. J'achevai de le peindre en y ajoutant un fond de ciel et un nuage au-dessus du sujet, et derrière le nid, le bouton de rose artificiel que je copiai, et qui était aussi un symbole d'espérance. Je fis ce petit travail avec tant de soin et un fini si précieux, qu'il n'était plus possible d'y reconnaître l'esquisse, et c'était mon intention, afin de pouvoir porter cette miniature ; enfin, pour qu'elle fût entièrement déguisée, je recouvris en or l'écriture du mot *hope*, en ajoutant aux lettres quelques petits ornemens. Je fis monter cet ouvrage sur une bonbonnière toute simple d'écaille blonde, et de ce moment je la portai toujours sur moi.

L'hiver qui suivit s'écoula délicieusement pour moi ; j'avais au fond du cœur une passion malheureuse que je ne me déguisais plus, mais elle était plus tendre qu'impétueuse ; elle se confondait pour ainsi dire avec mon amitié pour Eusèbe ; je sentais même qu'Eusèbe m'était encore plus cher que sa sœur. Ce sentiment romanesque, que j'étais décidé à cacher toujours, ne servit qu'à écarter de mon imagination toute idée d'intrigue d'amour ; il était pour moi plutôt un préservatif qu'un tourment ; d'ailleurs j'étais si occupé, que je ne pouvais y penser que bien vaguement. J'étais logé, nourri, chauffé, éclairé, et Eusèbe me faisait une pension de deux mille francs ; ce qui, joint à celle que j'avais de mon oncle, me composait mille écus par an bien payés. Par conséquent j'avais toute l'aisance que peut raisonnablement désirer un garçon, d'autant plus qu'Eusèbe me faisait sans cesse des présens, toujours combinés de manière à m'éviter des dépenses nécessaires. Comme je l'ai déjà dit, nous faisions tous les matins d'utiles lectures en français et un peu en anglais : j'étais chargé de faire des extraits de tous ces ouvrages. En outre je cultivais, par son conseil, la peinture à laquelle je donnais tous les jours deux heures, et j'apprenais l'italien. Enfin, je remplissais en grande partie les fonctions de secrétaire et d'intendant ; mais avec de l'ordre, de la suite et de l'activité, on suffit à tout. Je passais deux heures dans son cabinet, et à peu près cinq dans ma chambre, ce qui formait sept ou huit heures de travail. Je ne sortais que pour aller prendre l'air une heure et demie, et tous les quinze jours pour faire une visite à ma mère ou à mon oncle, et quelquefois à Durand, qui, de son côté, venait me voir de temps en temps pour me donner des conseils sur la manière de conduire les affaires dont j'étais chargé. Eusèbe, de loin en loin, me menait à la comédie française, ou faire quelques visites à des hommes ou à des femmes d'un certain âge; il ne me menait jamais ni chez sa sœur ni chez les autres jeunes personnes de sa connaissance. Il était convenu entre nous qu'à cause de mon âge, je n'aurais aucun rapport intérieur avec sa femme, et que je n'irais jamais dans son appartement. Je l'avais assez vue pour ne pas regretter l'intimité de sa société et pour m'affliger en secret que l'épouse d'Eusèbe eût un caractère et un esprit aussi peu distingués. La vicomtesse était une de ces personnes avec lesquelles *on n'avance* point en amitié, c'est-à-dire, qu'on peut voir tous les jours pendant une longue suite d'années sans se trouver avec elles un degré de plus d'intimité ; de ces personnes qui ne manquent ni de politesse ni de douceur, qui ne vous repoussent point par la sécheresse, mais qui, par une éternelle insipidité, vous fixent pour jamais dans une parfaite indifférence. Sa figure, sans être jolie, pouvait plaire ; elle était grande, bien faite, et elle avait beaucoup d'éclat et de fraîcheur. Le vicomte montrait pour elle autant de tendresse que d'estime, et il ne parlait d'elle que pour faire l'éloge de sa raison, de sa douceur et de sa vertu.

La vicomtesse avait un frère aîné, le marquis de Solmire, qui venait souvent voir Eusèbe, et qui me paraissait le plus désagréable personnage que j'eusse encore-concontré. Il y a des esprits de travers qui prennent tout à contre-sens, qui sont téméraires sans nécessité, peureux sans raison, qui dénigrent ce qui est estimable, qui s'engouent de ce qu'il faudrait blâmer; de ces esprits gauches et malheureux qu'on peut comparer aux danseurs qui manquent d'oreille, et que même le hasard ne fait jamais tomber en mesure. Ils ont dans la tête une confusion de lieux communs qu'ils n'ont jamais pu mettre en ordre, et qu'ils placent toujours hors de propos, une vivacité vague, irréfléchie, qui leur donne une mesure mal appliquée d'enthousiasme et d'indignation ; tel était le vicomte de Solmire ; il joignait à ce caractère une extrême ignorance et un grand fonds de suffisance et de hauteur ; sa protection était insultante et son amitié importune et questionneuse. Il voyait souvent Eusèbe, qui, par égard pour la vicomtesse, ne confiait qu'à moi seul l'ennui que lui causaient ses longues visites. Un matin, comme je sortais du cabinet d'Eusèbe, après notre lecture, le marquis de Solmire entra ; il entama la conversation en parlant de moi, parce qu'il m'avait rencontré ; il répéta des questions qu'il avait déjà faites plusieurs fois. Eusèbe recommença mon éloge avec toute son indulgence accoutumée ; alors le marquis l'avertit *amicalement* que l'on trouvait *singulier dans le monde qu'il me sortit autant de mon état.* Quel état ? demanda Eusèbe. Mais on sait, répondit le marquis, qu'il est fils d'un confiseur...... Et bien malgré cela, il n'a pas, comme vous voyez, *l'état de confiseur.* Votre père, mon cher Solmire, est maréchal de France ; ce n'est pas une raison pour que vous le soyez un jour. On a *l'état* qu'on se fait soi-même par son goût et par son mérite. — Nous ne voyons pas beaucoup de fils de confiseurs reçus dans le monde, et faire de brillantes fortunes. — Cela est vrai, parce que rarement les fils de confiseurs ont été aussi bien élevés que celui-ci, et qu'il est peu d'hommes qui soient nés avec d'aussi heureuses dispositions; mais cependant on pourrait citer mille exemples de roturiers qui sont sortis avec éclat de l'état de leurs parens. Fléchier était fils d'un marchand de chandelles; et, dans le siècle dernier, un très-grand seigneur, le duc de La Rochefoucault, fit, pour un homme de la dernière classe, une chose infiniment plus *singulière* que tout ce que je pourrai faire pour Delmours... — Pour qui donc? — Pour Gourville, qui, dans sa première jeunesse, avait été son valet de chambre. — *Valet de chambre?* cela est fort. — Néanmoins ce même Gourville devint son intendant et son ami; il montra une si parfaite probité, une si rare intelligence, que le grand Condé lui accorda toute sa confiance, et lui donna, jusqu'à la mort, les plus honorables témoignages d'estime et d'amitié. Gourville eut dans le monde l'existence la plus agréable; il était de la société intime de la princesse palatine si célèbre par son esprit. Louis XI[V] allait quelquefois passer la soirée che[z] cette princesse; et, lorsqu'il y renco[n]trait Gourville, il le faisait mettre à l[a] table de jeu, et jouait avec lui (1). — Cela est étrange. — Ne voyons-nous p[as] tous les jours des roturiers (les fer[miers] généraux) admis dans la meilleure comp[a]gnie, la recevoir chez eux, et s'allie[r] par des mariages, aux plus grandes ma[i]sons? — Fort bien; mais au fait il n'es[t] pas d'usage de mener dans le monde s[on] secrétaire... — Premièrement, je ne mè[ne] Delmours que dans les maisons où l'on [est] charmé de le recevoir et de le voir po[ur] lui-même; secondement, il n'est po[int] mon secrétaire. — Que vous est-il don[c?] — Il est mon ami. Les uns veulent avo[ir] chez eux un intendant; les autres un artiste[;] moi j'ai besoin d'un ami; je l'ai acq[uis,] je me le suis associé; tant pis pour ce[ux] qui trouveront cela bizarre.

---

(1) *Voyez* les Mémoires de Dangeau.

Cet entretien finit là. Le marquis quitta son beau-frère, fort mécontent et très-scandalisé de lui trouver si peu d'idées des choses et si peu d'usage du monde.

## CHAPITRE XV.

*Après l'hiver, le vicomte part pour une terre en Normandie ; il emmène sa femme et Julien. — Ils vont dans un château voisin qui appartient au comte Joseph. — Les personnes qu'ils y trouvent. — Conduite inexplicable du vicomte.*

Aussitôt que l'hiver fut écoulé, nous partîmes pour une terre en Normandie, que possédait le vicomte, à six lieues d'une autre terre qui appartenait au comte Joseph, et où il était déjà avec Edélie. Depuis son mariage, le comte se conduisait sagement ; il avait rompu avec la baronne de Blimont, et il ne jouait plus. Le vicomte, qui lui témoignait beaucoup d'amitié, avait eu avec lui, dans des affaires d'intérêt, plusieurs bons procédés ; et, comme le comte supposait que j'y avais eu quelque part, il m'en savait gré, et il était parfaitement bien pour moi.

Je fis, pour la première fois, cette année, l'essai de la vie de château, qui me plut beaucoup, parce qu'on y jouissait d'une parfaite liberté. Cette terre était, depuis près de quatre cents ans, dans l'illustre maison d'Inglar ; mais la marquise qui n'aimait pas les vieux châteaux, sous prétexte de l'éloignement et de sa place à la cour, n'avait jamais voulu l'habiter, préférant mille fois sa jolie maison d'Etioles à la plus belle terre.

Le soir même de notre arrivée nous parcourûmes tout le château. Le vicomte me fit admirer la noblesse et la grandeur des appartemens, et l'étonnante solidité de l'édifice entier. Je vis là, pour la première fois, des cabinets fabriqués dans l'épaisseur des murs. Bon Dieu! m'écriai-je, on bâtissait alors pour l'éternité!... Oui, reprit le vicomte, on pensait non-seulement à ses enfans, mais à sa postérité. Ah! poursuivit-il, honneur à ce respectable Guillaume, baron d'Inglar, qui, sous le règne de Charles VIII, en revenant couvert de gloire de la brillante expédition de Naples, fit bâtir, avec une énorme dépense, ce château pour moi et mes arrière-petits-enfans; car si on n'abat point ce vaste édifice, il peut servir encore à un grand nombre de générations. — Oui; l'on doit en effet révérer la mémoire de ces hommes si peu égoïstes, de ces chefs de famille qui ont laissé de tels monumens de tendresse paternelle! — Ici, tout nous retrace nos bons aïeux : tous les meubles de tapisserie que vous voyez dans les beaux appartemens ont été faits par ma grand'mère et ma trisaïeule; la chapelle a été remplie des beaux tableaux qui la décorent, par mon grand-père, qui, après ses ambassades en Italie et en Espagne, les rapporta de ces deux pays. Ce fut après la bataille de Marignan, qu'un Pierre d'Inglar, couvert d'honorables blessures, et âgé de soixante et dix ans, vint finir ses jours dans ce château, et qu'il fonda dans le village une école gratuite pour les pauvres enfans. Ce fut lui qui fit réparer l'église du village, et qui, dans cette même église, fit élever un beau mausolée de marbre à son père; enfin, c'est mon père qui a fait bâtir le presbytère (1) : voilà, mon ami, les traditions qui ennoblissent véritablement les familles, et qui seules les rendent respectables. La mémoire n'a été donnée à l'homme civilisé que pour l'avancement des sciences et des arts, que pour éterniser de nobles souvenirs et les plus beaux sentimens du cœur humain : l'admiration et la reconnaissance. Aussi, quand les nations tombent dans la barbarie, les souvenirs n'ont plus de culte ; ils s'éteignent ; et avec eux s'anéantissent l'utile émulation et toutes les idées généreuses. Comme il disait ces paroles, nous entrions dans la longue galerie du château toute remplie des portraits de ses ancêtres : cette vue me frappa et me rappela ces anciens patriciens romains qui faisaient porter aux funérailles

---

(1) On doit dire à la louange des anciens seigneurs que toutes ces choses se trouvaient dans les grandes terres. Partout des écoles de charité et des tombeaux de marbre élevés par la piété filiale, et dans des villages ; il y en avait un superbe dans le bourg de Genlis : et on en voit encore plusieurs en marbre aussi aux environs de Paris, entre autres dans les églises gothiques de Liancour et de Villiers-Saint-Pol, etc.

les images de leurs aïeux; et je pensai qu'autant il est ridicule de s'enorgueillir de tenir de son père cinq ou six cent mille livres de rentes, autant il est naturel de se glorifier de compter des grands hommes dans sa race. Je regardais avec respect le jeune et digne rejeton de ces graves personnages, qui tous avaient occupé d'éminens emplois dans les armées et dans l'état, et dont une grande partie avait des droits à la reconnaissance publique. Eusèbe me contait les exploits des uns, les services politiques rendus par les autres, ou leurs actions bienfaisantes; il savait l'histoire de sa maison comme celle de son pays.

Après avoir visité tout le château, je fis une seule critique: ce fut sur sa distribution; je trouvai que celles des maisons modernes sont infiniment plus commodes: Eusèbe en convint. Cependant, ajouta-t-il, en souriant, ce qui excuse un peu les anciens architectes, c'est qu'alors l'union intime des ménages et les mœurs rendaient beaucoup moins nécessaires *les dégagemens* et la multiplicité des *petites portes et des escaliers dérobés.* Cette réflexion ne manquait pas de justesse. Le goût de l'indépendance a beaucoup contribué à la commodité des distributions intérieures des maisons nouvelles.

Nous menions dans ce château une vie édifiante, dont j'admirais la régularité, mais qui ne m'étonnait pas, connaissant les principes religieux d'Eusèbe et de sa femme ; ce qui me surprit, ce fut de voir la même décence extérieure dans le château d'un voisin, qui avait à Paris la réputation d'un homme fort licencieux. Comme j'en témoignais quelque étonnement au vicomte : Vous verrez, me dit-il, la même chose dans tous les châteaux, que l'on y soit religieux ou non. Ce n'est point hypocrisie, car nul de ceux qui sont sans piété ne s'approchent des sacremens ; mais tous font servir les jours prescrits du maigre sur leurs tables ; tous font dire la messe dans leurs châteaux, afin qu'aucun de leurs gens ne la manque ; tous, aux grandes fêtes, vont à la grand'messe paroissiale et à tous les offices. C'est un respect qu'ils croient, avec raison, devoir à la religion, qui seule est la base et le gage de la morale publique : c'est aussi un exemple utile, nécessaire, qu'ils veulent donner aux paysans. Le seigneur d'une terre ne pourrait se conduire autrement sans être justement accusé de sottise et de mauvaise éducation. En effet, repris-je, le respect pour la religion montre au moins du respect pour la plus sublime morale, et l'absurde oubli ou l'insolent mépris de tout culte religieux annonce une grossièreté de principes, de mœurs et de sentimens véritablement révoltante. Voilà pourtant, reprit Eusèbe, où voudrait nous conduire une multitude d'écrivains corrupteurs ligués ensemble depuis quarante ans, pour confondre, pour anéantir toutes les idées morales et par conséquent pour détruire la religion. — Ils échoueront dans cet horrible complot. Cette nation est si spirituelle, si noble, si sensible!... — Mon ami, un torrent fougueux chargé de fanges, d'immondices, et tombant dans le lac le plus pur, en trouble bientôt la limpidité ; et, entraînant avec lui cette onde paisible qu'il a souillée, il va dévaster tous les rivages qu'il inonde. Vous admirez le respect que l'on conserve encore pour la religion dans les provinces ; il est pourtant déjà fort diminué ; mon père m'a conté que, dans son enfance, on faisait encore tous les jours la prière du soir en commun et tout haut : cet usage n'existe plus, ainsi que beaucoup d'autres aussi regrettables. Déjà les déclamations contre les prêtres ont fort affaibli la vénération du peuple pour les ministres du culte, quoiqu'il soit reconnu que le clergé de France est en général très-respectable, et particulièrement l'ordre entier des curés ; la licence de l'impiété n'a plus de bornes, non-seulement dans les pamphlets, mais dans des livres volumineux remplis de blasphèmes, d'obscénités et de turpitudes (1) ; enfin, ne nous a-t-on pas dit et répété qu'une république d'athées formerait le gouvernement le plus tolérant, le plus paisible et le plus doux de l'univers?... — Néanmoins l'athéisme a son zèle comme la foi, et ce zèle stupide, puisqu'il est sans but, mais ardent, parce qu'il est produit par l'orgueil en démence, serait cer-

---

(1) *Le Dictionnaire philosophique*, etc., etc., etc.

tainement atroce et persécuteur. — Oui, nous avons déjà de belles preuves de la tolérance philosophique dans les injures grossières prodiguées aux gens religieux, dans les noirceurs et les calomnies dont ils sont les objets! Une république d'athées offrirait le hideux spectacle de tous les vices et de tous les crimes réunis. — Il serait peut-être à désirer que cette affreuse république existât quelque temps, car la philosophie moderne mise ainsi en action ferait horreur. — Ah! mon cher Julien, on se laisse entraîner au mal par une pente facile et rapide; mais, pour retourner à la vertu, combien il faut d'efforts, de réflexions, d'expérience et de courage! Quand toutes les idées morales sont brouillées et confondues, quand tous les freins sont brisés, et toutes les passions mises à l'aise, le temps seul peut ramener l'ordre, la paix, et rétablir les mœurs.

Cet entretien laissa de profondes traces dans mon souvenir; je me le suis souvent rappelé depuis!....

Trois semaines après notre arrivée dans

cette belle province de Normandie, le vicomte reçut de sa sœur et de son beau-frère l'invitation d'aller passer avec sa femme une quinzaine de jours dans leur terre. Je ne fus pas oublié dans cette invitation ; on y fit mention de moi dans les termes les plus obligeans. Nous partîmes tous les trois deux jours après ; nous trouvâmes au château de *** le marquis de Solmire, beau-frère d'Eusèbe, et le jeune baron de Palmis, qui était alors dans sa dix-huitième année, et toujours un peu sous la conduite de l'abbé Aillet, son précepteur, qui ne prenait plus que le titre de son ami. Il fut charmé de me revoir, et me fit mille caresses ; il nous annonça que nous aurions le lendemain une grande compagnie : sa belle-mère, la duchesse de Palmis, et la belle-sœur de la duchesse, la marquise de Palmis et les deux maris de ces dames. J'ai déjà dit qu'Édélie avait été au couvent avec la duchesse, et elle se faisait une véritable fête de recevoir chez elle la compagne chérie de son enfance et des premières années de sa jeunesse ; elle parla beaucoup d'elle, et ne tarit point sur les détails qui prouvaient la perfection de son caractère et combien sa raison avait toujours été prématurée. Un soir que Tiburce n'était pas dans le salon, et qu'elle continuait encore cet éloge : Je suis sûr, lui dit Eusèbe, qu'en général elle n'était pas aimée des autres pensionnaires, et qu'on la trouvait pédante. Point du tout, répondit Édélie, elle était si gaie, si douce, si obligeante, elle avait une indulgence si naturelle, il y avait une telle sûreté dans son commerce, que tout le monde l'adorait ; elle était très-pieuse, et elle nous avait confié qu'elle avait fait le vœu de ne jamais se permettre une seule espièglerie, ce qui la dispensait entièrement de prendre part aux nôtres ; mais elle recevait les confidences de nos petites folies ; elle en riait, quoiqu'elle tâchât toujours de nous en détourner : quand elle y parvenait, elle en était charmée ; quand nous persistions, elle ne nous faisait point de sermons inutiles, et elle nous gardait le plus profond secret. Comment, si jeune, dit Eusèbe, peut-on parvenir à ce degré de perfection ? Voici, à ce sujet, ce qu'elle m'a conté, reprit Edélie. Sa mère était une femme du plus grand mérite, qu'elle n'a perdu qu'à l'âge de dix ans. Cette tendre mère l'a élevée jusqu'à cet âge, et n'a été occupée que du soin de former son esprit, sa raison et son âme; naturellement très-sensible, elle lui donna je ne sais quelle idée de perfection qui piqua son amour-propre, et frappa son imagination, qui est très-vive; elle lui persuada que cette perfection, si désirable, si glorieuse et si rare, n'est nullement chimérique; et qu'elle est le seul moyen de s'assurer, sur la terre, en dépit de tous les évènemens, la destinée la plus heureuse; enfin, elle lui laissa par écrit des instructions morales tracées de sa main, avec un plan de lecture pour sa jeunesse. La veille de sa mort, après avoir reçu tous les sacremens, elle lui donna sa bénédiction, et lui remit solennellement tous ces papiers, en lui faisant promettre d'en lire tous les jours quelque chose. Cette enfant, qui adorait sa mère, et dont la raison était infiniment au-dessus de son âge, fut ainsi fixée à dix ans dans la route de la vertu, par les habitudes de ses premières années, par la religion et la piété filiale, et je crois fermement qu'elle ne fera jamais ni une étourderie ni une fausse démarche. Quel dommage, poursuivit Edélie, qu'une personne si parfaite, jolie comme un ange, et dans tout l'éclat de la première jeunesse, soit la femme d'un homme de cinquante-six ans, d'un caractère insoutenable, et jaloux comme un tigre !....

Ce récit plongea Eusèbe dans un rêverie dont rien ne put le distraire dans tout le reste de la journée. Il avait rencontré plusieurs fois la belle et brillante marquise de Palmis ; mais il n'avait aperçu qu'une seule fois la duchesse, qui n'allait ni aux bals ni aux spectacles, qui n'avait point de place à la cour, et qui vivait fort retirée dans l'intérieur de sa famille. Elle arriva comme on l'avait annoncé, avec son mari, son beau-frère et sa belle-sœur. J'ai déjà dit qu'elle n'avait pas une figure si éblouissante que celle de sa belle-sœur ; mais plus on regardait son charmant visage, plus on la trouvait jolie : elle s'embellissait en parlant ; son sourire était enchanteur, et toute sa figure était remplie de grâces. Tous les hommes la trouvèrent telle que je viens de la dépeindre; mais le peu d'attention qu'elle faisait à eux, la sagesse de son maintien, le calme et la sérénité de sa physionomie, ôtaient toute envie de s'occuper d'elle et de l'approcher; elle n'a jamais attiré que les enfans, les vieillards et les femmes. Les hommes sentaient trop qu'avec elle la galanterie ne serait pas seulement inutile ; que, de plus, elle serait déplacée et ridicule. Tous les regards se tournèrent vers la marquise, et s'y fixèrent ; et, dès le même jour, elle eut deux nouveaux adorateurs : le comte Joseph, et le marquis de Solmire.

Je ne trouvai pas le duc de Palmis si bourru qu'on me l'avait dépeint : il avait, en effet, quelque chose de brusque dans son ton et dans ses manières ; mais je remarquai avec plaisir qu'il était rempli d'égards pour sa femme, et qu'il avait avec elle l'air le plus affectueux. D'ailleurs, je savais qu'il avait montré le plus brillant courage à la guerre et beaucoup de talent ; et des lauriers ornent si bien des cheveux gris, et même une perruque !... La gloire rend vénérable tout ce qui est gothique, comme elle efface tout ce qui est ridicule. Le duc avait fait, dans sa jeunesse, une longue campagne avec le marquis d'Inglar; ce souvenir lui donna pour Eusèbe une bienveillance qu'il avait bien rarement pour les jeunes gens; la réputation de sagesse et les manières nobles et réservées d'Eusèbe achevèrent de lui gagner le cœur. Le lendemain matin nous allâmes, Eusèbe et moi, de grand matin, nous promener dans le parc: Eusèbe était triste et rêveur; nous gardions le silence, lorsqu'au détour d'une allée nous rencontrâmes le duc; il était seul; il s'avança vers nous, et entra sur le champ en conversation. Il dit qu'il venait de recevoir un courrier de Versailles et des nouvelles qui l'obligeaient de partir dans la journée; mais qu'il ne serait que trois ou quatre jours dans ce voyage; qu'il laissait à Edélie la duchesse *pour otage*; et il demanda au vicomte s'il voulait le charger de quelques lettres. Eusèbe le remercia, et répondit qu'il croyait qu'il serait lui-même obligé d'aller très-incessamment à Paris, ce qui me surprit beaucoup. Le duc continua à parler de sa femme, et ce fut avec le ton de l'admiration la plus vraie et la mieux fondée. Un valet de chambre, qui vint le chercher de la part de la duchesse, mit fin à cet entretien. Le duc, en quittant Eusèbe, lui dit qu'il serait charmé de cultiver une connaissance si agréable, qu'il espérait le retrouver à Paris, et que la duchesse aurait un grand plaisir à recevoir chez elle le frère et la belle sœur d'Edélie. Eusèbe ne répondit qu'en s'inclinant; et quand le duc fut éloigné de nous, je demandai au vicomte quelle affaire, que je ne connaissais pas, pouvait le forcer de retourner si promptement à Paris? Mon cher Julien, me répondit-il, c'est un secret qu'il ne m'est pas permis de confier; si un devoir ne m'obligeait pas à le cacher, soyez sûr que vous n'auriez pas besoin de me questionner pour le savoir. Cette réponse me causa autant d'étonnement que de chagrin. Je me rappelai qu'il avait reçu une lettre la veille, et j'attribuai à cette lettre qu'il ne m'avait pas lue, et ce projet de départ, et la préoccupation que je remarquais en lui depuis vingt-quatre heures.

Le duc partit aussitôt après le dîner. Eusèbe, durant toute cette journée, ne vint dans le salon qu'aux heures des repas : il fut taciturne et silencieux à souper, et disparut en sortant de table. Je restai encore un quart d'heure dans le salon, ensuite j'allai à l'appartement d'Eusèbe, espérant le trouver dans son cabinet, où il passait toujours au moins une demi-heure avant de se coucher. Son valet de chambre me dit qu'il n'était pas encore rentré. Je devinai qu'il se promenait dans le parc. Le chaud était excessif et le clair de lune superbe ; mais voyant que le vicomte voulait être seul, je rentrai tristement dans ma chambre et je me mis à lire. Au bout de deux heures (il était minuit), on frappa doucement à ma porte ; j'allai ouvrir : c'était le vicomte. Je fus si frappé de l'altération de sa physionomie et de l'espèce d'égarement que je vis dans ses yeux, que je restai immobile en le regardant fixement, et mes larmes coulèrent !... Il s'avança en chancelant ; et, se jetant dans un fauteuil, il se couvrit le visage avec ses deux mains !... Mon saisissement fut inexprimable en contemplant dans un tel état cet homme que j'avais toujours vu si calme, si sage et si maître de lui-même !... Je gardai un pénible silence, n'osant hasarder la moindre question : enfin tout à coup saisissant ma main et la serrant fortement : Julien me dit-il, je ne puis t'ouvrir mon cœur ; mais j'avais besoin de pleurer près de toi... J'avais besoin du regard compatissant d'un ami !... Je l'écoutais avec une telle stupeur, qu'il me fut impossible de proférer un seul mot ; mais je le regardais, et nos âmes se parlaient et s'entendaient. Enfin, reprenant la parole : Ne t'inquiète point, me dit-il, on peut tout supporter avec une conscience pure et un ami tel que toi !... Je vais partir pour Paris, poursuivit-il, je laisse une lettre pour ma sœur, dans laquelle je lui mande qu'une affaire importante me rappelle à Paris : je dis la même chose à ma femme. Restez ici avec elle le temps que nous y devions passer, c'est-à-dire treize jours encore ; ensuite retournez dans mon château, j'irai aussitôt vous y rejoindre. Ma sœur, à cette époque, sera forcée de partir pour aller reprendre son service à Versailles; ainsi rien ne troublera notre solitude durant tout le reste de la belle saison. A ces mots, le vicomte m'embrassa, et il sortit précipitamment. Je demeurai confondu!... En y réfléchissant mûrement, j'eus quelques soupçons qui me rapprochaient un peu de la vérité; mais il restait dans toute cette aventure un point inexplicable; il était évident que, depuis le souper jusqu'au moment où le vicomte entra dans ma chambre, il lui était arrivé quelque chose de fort extraordinaire qui avait achevé de lui tourner la tête et de l'accabler; cependant j'eus la certitude, le lendemain, que dans cet espace de temps, il n'avait vu personne et n'avait parlé à qui que ce fût. Ce mystère était incompréhensible. Le lecteur en verra l'explication par la suite, et il connaîtra qu'il était impossible de le pénétrer et de deviner un incident si singulier et si touchant.

## CHAPITRE XVI.

*Imprudences de Julien. — Intrigue dans le château.*

---

Le lendemain je fus absorbé toute la matinée dans mes réflexions sur la conduite du vicomte, et sur ce chagrin secret et déchirant qu'il ne pouvait me confier ; mais ensuite je ne fus que trop distrait de cette inquiétude. Edélie, sans aucun dessein, était charmante pour moi ; elle n'avait point de coquetterie ; mais quand on lui plaisait, on pouvait trouver quelque chose d'affectueux dans sa grâce et dans ses manières ; et sa gaîté était si naturelle et si franche, qu'elle ressemblait souvent à la confiance. D'ailleurs, notre ancienne connaissance et la distance infinie qui se trouvait entre elle et moi lui persuadaient aisément que j'étais absolument sans conséquence. Elevé à mes propres yeux par l'amitié d'Eusèbe, ces pensées ne s'offraient point à mon imagination ; l'amour-propre les écarte naturellement, et l'amour les éloigne bien davantage encore. J'étais bien décidé, non-seulement à ne jamais déclarer, mais à cacher un sentiment doublement coupable pour moi, puisque la sœur de mon ami en était l'objet ; et néanmoins il m'était doux de croire qu'Edélie l'aurait partagé, si elle l'avait pu, sans enfreindre tous ses devoirs. J'étais, dans le château, le seul homme qui fût véritablement occupé d'elle. Le marquis de Palmis qui ne pouvait jamais, sans un mortel ennui, rester un peu de suite dans le même lieu, était allé à Rouen ; ainsi, rien ne gênait le marquis de Solmire et le comte Joseph dans leur naissante passion pour la marquise qui, sans leur donner la moindre espérance, s'amusait de leurs prétentions, et s'en moquait avec le jeune Tiburce qui, malgré sa grande jeunesse, avait déjà autant de finesse et de tact que de malice.

Edélie vit parfaitement que son mari était amoureux de la marquise ; un soir, sortant du salon qui était au rez-de-chaussée, et dont les portes ouvertes donnaient sur une longue terrasse, elle m'appela pour s'y promener avec moi, et, me donnant le bras. Le comte Joseph, me dit-elle en riant, n'en sera pas jaloux; au contraire, il est, je crois, charmé d'être débarrassé pour quelques momens d'une surveillante qui l'inquiète toujours un peu, quoiqu'elle ne soit pas fort gênante. Je fus enchanté et pourtant surpris de cette petite confidence, mais, par bienséance, je combattis cette idée. Ce que vous dites là, interrompit Edélie, est d'un fort bon caractère, mais tout-à-fait inutile; je vous parle à cœur ouvert; vous devez me répondre de même; vous voyez très-bien que le comte Joseph est amoureux de la marquise de Palmis. — On peut bien ne pas remarquer ce qu'il est impossible de concevoir; mais, si cela est, je m'en afflige; ce serait un sujet de peine pour vous. — Une bien petite peine... — Vous ne l'aimez donc pas? — Je suis fière et sensible; et, quand je vois une telle légèreté, au bout d'un an de mariage, je me détache. Le mariage n'a de bon que la quinzaine qui le précède et les deux mois qui le suivent. Un prétendu, qui est jeune et d'une figure agréable, est un être charmant! Quelle galanterie! quelle complaisance! quelle douceur ! quelle envie de plaire à tout ce qui entoure sa future, à la famille, aux amis de la maison, aux femmes de chambre, à tous les domestiques, au petit chien, s'il y en a un dans la famille ! que de caresses il lui fait ! que de gimblettes il lui apporte ! combien il est magnifique !... Il donne les pierreries, les perles, les bijoux, les fleurs à pleines mains; on n'entend faire que son éloge ; ses parens sont, comme lui, pleins de grâces, de bonté, de sensibilité; on croit qu'on va tenir davantage à la vie; qu'on sera à l'abri de tous les coups du sort en multipliant ainsi tous ses liens, en s'assurant tant de nouveaux appuis ; tout cela est enchanteur ! Tel était mon enivrement quand je me suis mariée. Mais, au bout de six semaines, je m'aperçus que mon beau-père était avare et rabacheur; ma belle-mère acariâtre, aigre et pédante; toute cette famille exigeante et mortellement ennuyeuse; mon mari insouciant, léger, dissipateur et incapable de partager un grand attachement, et le voilà ridiculement amoureux d'une femme qui se moque de lui. Je connais mes devoirs et n'y manquerai point ; mais je saurai prendre mon parti, et je n'aurai pas la sottise de m'affliger des torts d'un mari qui ne me fait pas même l'honneur de me les cacher. — Que pensez-vous, Madame, de cette superbe marquise qui fait tant d'infidèles? — Je pense qu'on ne fait point de conquêtes sans ambition. Si son angélique belle-sœur, si cette charmante Octavie le voulait, croyez-vous qu'elle n'aurait pas aussi une brillante cour d'adorateurs? — Mais je pense que les véritables passions ne s'affichent pas, elles se nourrissent en silence... La duchesse de Palmis est peut-être adorée en secret. — Il est bien certain qu'on ne le lui dira jamais. — Vous trouvez, je le vois, la marquise un peu coquette? — Non, pas tout-à-fait ; elle n'emploie aucun manége pour attirer, mais elle ne sait pas repousser ; et, à vingt ans, cela ne s'apprend plus. Vous voyez, mon cher Julien, poursuivit Édélie, comme je vous parle franchement ; c'est une vieille habitude. — Ah! ne la perdez jamais. — Je vous assure que je ne m'explique aussi librement qu'avec vous. J'aime mon frère la folie, mais sa perfection m'en impose ; par la même raison, je ne dis pas à la duchesse tout ce qui me passe par la tête.... Mais, Madame, interrompis-je en riant, je crois que je dois vous avertir de me retirer votre confiance, car il me semble que je suis parfait aussi, ou peu s'en faut.... Non, non, dit-elle, n'ayez point de scrupule, nous sommes de la même force ; souvenez-vous donc comme on nous grondait dans notre enfance, et comme mon frère était sage.... — Je me souviens que vous me pinciez bien souvent... — C'était une préférence ; je n'ai jamais osé pincer Eusèbe. A mon grand regret, notre conversation finit là : nous vîmes arriver sur la terrasse la duchesse et sa belle-sœur ; elles se promenèrent avec nous un quart d'heure, ensuite nous entrâmes tous dans le salon.

J'étais persuadé que, jusqu'à ce moment, ma conduite était irréprochable. En effet, Édélie n'avait pas le moindre soupçon de mes sentimens, et je n'avais rien dit encore qui dût l'éclairer à cet égard ; mais je ne combattais pas une passion insensée qui, s'exaltant chaque jour, maîtrisait mon imagination et peu à peu ébranlait des résolutions que je croyais si solides!....

Je m'étais promis de ne point montrer à Edélie le petit emblème que j'avais fini sur son ébauche, et cependant je brûlais du désir de le lui faire voir. Pour me débarrasser de tout scrupule, je me répétai que je l'avais tellement déguisé, qu'elle ne le reconnaîtrait pas. La marquise m'avait demandé de lui faire voir ce que j'avais de camées finis de mon ouvrage. Un jour, étant dans le salon avec Edélie et Tiburce, elle exigea que j'allasse sur-le-champ chercher ces miniatures. J'obéis, et je lui apportai cinq ou six camées. Lorsqu'elle les eut vus, je tirai de ma poche ma bonbonnière et je la remis avec émotion dans ses mains, car Edélie examinait tout avec elle : tous deux s'extasièrent sur ce petit sujet, qu'Edélie ne reconnut point. Cependant elle se rappela qu'elle avait esquissé un emblème de l'espérance, et elle ajouta qu'elle était bien aise de ne l'avoir pas achevé, parce que le mien, réunissant tous les attributs de l'espérance, était cent fois mieux composé et plus orné. Elle me demanda si c'était là ma devise. Non, Madame, répondis-je, et je ne serai jamais assez heureux pour la prendre. Quelle folie! reprit-elle, il faut être bien humble ou bien à plaindre pour renoncer ainsi à toute espérance. Mais, repris-je, si la seule chose qu'on désire est impossible?... Eh bien, dit Tiburce, on s'abuse et l'on espère. Cet entretien fut interrompu par le marquis de Solmire qui entra dans le salon; la marquise lui montra l'emblême, qu'il trouva charmant; et la marquise, tenant toujours la boîte et m'adressant la parole: Puisque ce n'est pas votre devise, me dit-elle, je vais hasarder une proposition; j'aime passionnément ce petit sujet, qui d'ailleurs est peint à ravir, voulez-vous me le laisser et recevoir en échange deux de mes miniatures à votre choix? C'est me proposer, répondis-je, un don inestimable pour une bagatelle, et cependant... — Vous ne voulez pas l'accepter?... — Je ne le puis; je serais trop heureux si vous daigniez agréer l'hommage de tous les camées que vous venez de voir. Quant à cet emblème, je ne puis en disposer; un engagement que je ne puis rompre ne me le permet pas. — Vous l'avez donné, il n'est plus à vous; tout est dit. En prononçant ces paroles, la marquise me rendit ma boîte : elle accepta un de mes camées et me donna en troc une charmante miniature. Cependant Tiburce et le marquis de Solmire me blâmèrent beaucoup de n'avoir pas sacrifié mon emblème, ne concevant pas que l'on pût refuser quelque chose à celle qui le demandait. Edélie, durant tout ce débat, garda le silence.

Le soir, au déclin du jour, nous allâmes comme la veille nous promener sur la terrasse. Savez-vous, me dit Edélie, que vous avez un peu fâché la marquise qui n'est pas accoutumée aux refus. Et au fait, vous auriez bien pu lui faire ce petit sacrifice. — D'abord, Madame, ce n'était pas un *petit sacrifice*. — Bon! il vous serait si facile de refaire ce même sujet pour la personne à laquelle il est destiné ! — Qui que ce soit au monde ne le possédera !... — Mais vous avez dit... — C'était une défaite. — Comment peut-il vous être si précieux?... — La main qui l'ébaucha le rend sans prix pour moi. — Quoi !... reprit Edélie avec émotion ; quoi !... cet emblème serait celui... — Que j'ai trouvé à Paris, dans le tiroir de votre table, et j'y ai ajouté un bouton de rose peint d'après une fleur artificielle que je conserverai toute ma vie ; vous l'avez portée... Ce fut ainsi qu'entraîné par la double imprudence de la jeunesse et de la passion, je déclarai tout à coup ce que je m'étais tant promis de taire toujours... Édélie resta silencieuse un moment ; ensuite elle me dit d'une voix entrecoupée : Eh bien ! pourquoi ce mystère ? Cette ébauche vous a plu, vous avez achevé de peindre ce petit emblème... et par amitié pour moi vous voulez le conserver ? Tout cela me paraît obligeant... et fort simple... — Non, non ! il n'y a rien de simple dans ce que j'éprouve... J'aime mieux m'exposer à toute votre colère, à toute votre indignation, que de vous laisser me supposer pour vous des sentimens vulgaires. Depuis trois ans ce secret oppresse mon cœur, il m'échappe malgré moi : je sais tout ce que je vais perdre en le trahissant, mais je ne puis regretter que votre estime; votre confiance me déchirait l'âme, votre dangereuse amitié m'a perdu !... — Ecoutez-moi, Julien, dit Édélie avec un trouble extrême... — Non, interrompis-je, non je ne veux rien entendre ; je vais aller retrouver le vicomte, lui tout avouer, et ensuite j'irai me confiner pour jamais dans une éternelle et profonde solitude. J'étais véritablement hors de moi-même, je voyais en ce moment Eusèbe entre sa sœur et moi, et jamais, à l'imagination la plus frappée, l'idée d'un spectre menaçant n'inspira plus de trouble et d'effroi... J'allais m'éloigner ; Édélie, épouvantée autant qu'attendrie, me retint. S'il est vrai, dit elle, que votre âme égarée soit sensible, restez, je l'exige; sachez, pour mon honneur et pour le vôtre, vous contraindre et dissimuler : calmez-vous, rentrons dans le salon; demain, à pareille heure, trouvez-vous sur cette terrasse, je vous y donnerai une lettre qui vous expliquera à quelles conditions vous pouvez encore conserver toute mon estime. Je vous obéirai, répondis-je, et mes pleurs me coupèrent la parole. Ah! Julien, reprit-elle, montrez-moi que vous avez de l'empire sur vous-même, quand l'intérêt de ma réputation l'exige. A ces mots j'essuyai mes yeux et je la suivis pour rentrer au salon. Je me conduisis de manière à lui prouver qu'elle avait tout pouvoir sur moi; je ne m'approchai point d'elle, et je jouai au billard toute la soirée. Quand je me retrouvai seul, et toute la journée du lendemain, je ne fus point encore livré à mes réflexions! j'attendais une lettre d'Édélie, et je n'avais vu dans ses regards ni colère ni dédain!.... Enfin cette soirée si ardemment désirée arriva : j'allai sur la terrasse; Édélie y vint, me remit une lettre, et m'ordonna d'aller dans ma chambre la lire; j'y volai, là j'ouvris cet écrit, d'une main tremblante, et je lus ce qui suit :

« Vous avez fait une grande faute, et
» qui eût été un grand crime si j'eusse
» eu la faiblesse de partager un sentiment
» si coupable et celle d'en faire l'aveu.
» En supposant que cet aveu fût resté

» secret, comment auriez-vous supporté
» la confiance trahie, l'estime usurpée
» de mon frère ? vos remords et les miens ?
» mais rien en ce genre n'échappe à la
» clairvoyante malice du monde, et il
» m'eût jugée sans indulgence ; il cherche
» de la *convenance* jusque dans le vice
» même ; il veut en trouver jusque dans
» les unions les plus illégitimes. Le désor-
» dre moral le choque moins que la
» *discordance* dans les conventions socia-
» les, car c'est là qu'il a placé le ridicule
» pour lequel il est sans pitié, parce qu'il
» ne faut presque toujours, pour l'évi-
» ter, que de l'esprit et du goût, tandis
» qu'il faut des principes et un grand ca-
» ractère pour se garantir de la séduction
» des passions.

» Vous êtes adopté dans notre famille,
» vous en faites partie, et vous ne devez
» cet avantage qu'à l'opinion que mon
» frère a dû prendre de vos sentimens et
» de votre attachement pour lui..... Mais
» jusqu'à ce que le temps et votre mérite
» vous aient fait faire une grande fortune,
» le monde ne verra et ne peut voir en

» vous que le *secrétaire* de mon frère !...
» D'après ces réflexions, jugez-vous !......
» Néanmoins, loin de vous livrer à ce vio-
» lent désespoir qui m'a causé tant de sai-
» sissement hier, faites servir ce moment
» d'égarement à vous affermir pour jamais
» dans la route sacrée du devoir !... Pour-
» quoi se décourager quand on peut tout
» réparer ?..... Croyez-vous que le com-
» pagnon des jeux de mon enfance, que
» l'ami le plus cher d'Eusèbe me soit
» indifférent ?.... Vous êtes pour moi un
» second frère, et c'est ainsi que je veux
» être aimée de vous..... Vous ne vou-
» lez pas que je vous croie pour moi un
» sentiment vulgaire; eh bien! soyez sa-
» tisfait ; je suis persuadée que j'ai sur vous
» une entière puissance, et voici ce que je
» vous prescris : d'annoncer sur-le-champ
» à ma belle-sœur qu'une lettre d'Eusèbe,
» et des ordres à donner dans sa terre,
» vous obligent à y retourner demain de
» grand matin; de partir à la pointe du
» jour; de redoubler d'ardeur et d'acti-
» vité pour l'étude, d'acquérir une gran-
» de instruction, et de porter au plus

» haut point de perfection tous vos talens ;
» enfin, de vous chercher une compagne
» aimable et vertueuse, et de vous ma-
» rier dans trois ou quatre ans. D'ici là,
» vous ne viendrez chez moi que deux
» ou trois fois par an, quand vous serez
» sûr d'y trouver du monde, et vous
» ne viendrez plus dans ce château ; vous
» éviterez de bonne foi toutes les occa-
» sions de me rencontrer, et vous ne me
» direz jamais un seul mot, ni de vive
» voix, ni par écrit, ni d'aucune manière
» indirecte, qui puisse me rappeler le sen-
» timent qui m'outrage et que j'abhorre,
» puisque, si votre vertu n'en triomphait
» pas, il briserait tous les liens qui m'at-
» tachent à vous !... voilà ce que j'exige.
» Voici ce que je vous promets : De vous
» conserver la plus tendre et la plus fidèle
» amitié, et toute la confiance d'une par-
» faite estime, que je vous prouverai en
» vous consultant par écrit toutes les fois
» que j'aurai besoin d'un conseil vertueux,
» certaine d'avance que, pour me le
» donner, vous ne consulterez que l'in-
» térêt de ma réputation, de mon repos

» et de mon bonheur. J'ai de la pureté
» dans l'âme, mais de l'étourderie dans
» le caractère. Je suis capable de réflé-
» chir sur ce qui m'est étranger, et non
» sur ce qui me regarde personnellement.
» Il me semble qu'il faut de l'égoïsme
» pour se corriger soi-même, car il faut
» sans cesse s'occuper de soi : c'est une
» étude qui m'ennuie ; j'aime mieux por-
» ter mon application à ce que je ne con-
» nais pas du tout, du moins je satisfais
» ma curiosité, qui, à certains égards, est
» très-vive. Aidez-moi à devenir parfaite;
» j'espère que ce sera un intérêt de plus
» dans votre vie. Si vous entendez dire
» quelque chose contre moi qui puisse
» mériter un avertissement, donnez-le-
» moi dans un billet ; mais que ce soit
» toujours sans formule, sans compliment,
» sans tournure, sans une seule phrase
» d'*amitié*; quelque pure qu'en pût être
» l'expression, elle me déplairait, une re-
» montrance sérieuse et fondée, un bon
» avis *bien sec*, voilà ce qui excitera toute
» ma reconnaissance. Plus vous serez la-
» conique et sévère, plus je connaîtrai

» mon empire sur votre raison et sur votre
» cœur. Adieu. Si cette lettre n'est pas
» une imprudence, c'est-à-dire, si, comme
» je le crois, vous êtes digne de la re-
» cevoir, si vous savez apprécier les in-
» tentions et les sentimens qui l'ont dictée,
» vous ferez, avec joie, avec exaltation,
» tout ce qu'elle prescrit et vous aurez
» en moi l'amie la plus sincère et la plus
» dévouée. »

Il aurait fallu avoir bien peu d'élévation dans l'âme pour n'être pas en effet
exalté par une telle lettre! J'y trouvais
tout ce qui pouvait me toucher, me tourner la tête, ranimer mon courage abattu
et me raccommoder avec moi-même. Je
me promis, du fond de l'âme, de justifier sa confiance et son attente.

Je lui écrivis sur-le-champ ce billet:

« Je jure, par ce qu'il y a de plus sa-
» cré, de vous obéir ponctuellement en
» tout et toujours. »

La sécheresse et le laconisme de ce
billet ne me coûtèrent point; c'était un
échantillon de l'obéissance qu'elle me pres-
crivait, et je savais combien elle m'en

saurait gré.... Je lui remis ce billet : j'annonçai mon départ à la vicomtesse, qui, avec son indifférence habituelle, n'y fit nulle attention et ne me questionna point. Je partis un peu avant la naissance du jour.

## CHAPITRE XVII.

*Occupations de Julien. — Retour du vicomte. — Confidences.*

Ce ne fut pas sans un violent chagrin que je quittai si brusquement Edélie ; mais je trouvais une puissante consolation dans l'idée que du moins elle connaissait mes sentimens. Je l'aimais éperdument. Il y avait dans son caractère et dans le genre de son esprit une originalité piquante ; elle réunissait la naïveté et l'imprudence à la raison, la bonhomie à la fierté, et la gaîté la plus franche à la plus profonde sensibilité ; elle n'avait pas la perfection de son amie la duchesse de Palmis, mais rien ne pouvait surpasser la pureté, la générosité de son âme et la justesse de ses réflexions, quand, se décidant à en faire, elle ne se laissait pas emporter par sa vivacité. Lorsque rien ne l'affectait personnellement, la tournure de son esprit la portait à ne voir dans chaque chose, que le côté plaisant ou ridicule. Ainsi, son imagination n'était nullement romanesque ; elle ne montrait dans la société que la gaîté la plus spirituelle et un enfantillage plein de grâce qui la rendaient la plus aimable personne que j'aie connue ; mais elle avait de la singularité dans les idées, de l'exaltation dans les sentimens, et il y eut de la grandeur et de l'héroïsme dans toutes les actions importantes de sa vie.

La passion même que j'avais pour elle me soutint dans les sacrifices si douloureux qui m'étaient imposés ; du moins, j'avais un but, et c'était toujours avoir une espérance plus fondée qu'aucune autre, puisque, dans cette occasion, son succès dépendait de ma propre volonté et de mes actions. Je commençai d'abord par me livrer sans réserve à l'étude de l'histoire, de la littérature et des arts. Il y avait dans ce vieux château, comme dans tous ceux de ce temps-là, une bonne bibliothéque composée de livres solides, dans lesquels on pouvait puiser une véritable érudition. C'étaient des ouvrages faits dans les deux derniers siècles; les auteurs de ces époques travaillaient en conscience; leurs écrits sont les fruits d'une immense étude; leur but était, non d'amuser les oisifs et la malignité, mais d'instruire les lecteurs raisonnables. Je lisais tous les jours au moins trois heures; j'écrivais des extraits, je dessinais, je peignais, et même je faisais de la musique; car, ayant trouvé dans le salon un vieux *rucker*, je fis venir de Rouen un organiste pour l'accorder; et, d'après les leçons que j'avais reçues de mademoiselle de Versec, je parvins à m'accompagner et à jouer avec agrément des variations. Enfin, j'avais ma guitare, et je répétais tous les jours sur cet instrument les romances favorites d'Edélie. Je désirais et je redoutais l'arrivée d'Eusèbe; après beaucoup de réflexions, je me décidai à lui tout avouer : outre l'habitude de confiance que j'avais avec lui, je trouvai de la générosité à lui ouvrir ainsi mon cœur, et pour m'accuser dans le moment où il s'obstinait à me cacher un grand secret. D'ailleurs, le bonheur de parler d'Édélie et de mon amour l'emportait sur toutes les craintes que m'inspirait la sévérité d'Eusèbe.

La vicomtesse revint dans son château au bout de quinze jours, et son mari arriva le lendemain. Je lui retrouvai un grand fonds de tristesse, mais beaucoup plus de calme. Je lui avais écrit deux lettres mystérieuses qui lui donnaient une grande curiosité; cependant il me dit qu'il sentait qu'il n'avait plus le droit de m'interroger. Vous aurez toujours celui de savoir tout ce qui se passe dans mon âme, répondis-je; j'ai commis une coupable indiscrétion, j'ai à vous faire de pénibles aveux; j'implore d'avance votre indulgence, et je suis trop malheureux pour ne pas l'obtenir. Après ce préambule, je lui fis le récit le plus détaillé et le plus sincère de tout ce qui s'était passé; et ne voulant pas faire seulement une demi-confidence, je lui montrai la lettre d'Édélie. Il m'écouta avec beaucoup de douceur, mais avec émotion. Il lut deux fois la lettre de sa sœur, elle le toucha : néanmoins je vis bien qu'il n'approuvait pas qu'elle l'eût écrite; mais, la chose étant faite, il ne songea qu'à en tirer parti, pour notre avantage à tous les deux. Vous vous condamnez si franchement, me dit-il, qu'il y aurait de la pédanterie à vouloir ajouter quelque chose aux réflexions de ma sœur sur ce sujet; mais il faut convenir qu'il est étrange qu'Edélie ait choisi le moment où vous avez montré tant d'imprudence et si peu d'empire sur vous-même, pour vous établir son mentor... — Elle a deviné l'effet que produirait sur moi une telle preuve de confiance. — Oui, je suis certain que vous la justifierez. — Je ne lui écrirai jamais que pour lui donner des avertissemens utiles, et je vous promets de ne lui jamais envoyer un seul billet sans vous l'avoir lu auparavant. — Je connais votre bonne foi, mon cher Julien, et votre parole vaut mieux pour moi que toutes les preuves matérielles et de fait; mais, poursuivit-il, ce commerce épistolaire sera d'un genre tout nouveau. Ordinairement on prodigue les louanges aux femmes, et surtout à celle qu'on aime ; la flatterie avec les femmes n'est que de la galanterie ; et vous voilà érigé en *censeur*, en *prédicateur*, sans pouvoir même mêler à vos leçons un seul mot d'amitié, une seule phrase obligeante... — Qu'importe un tel ordre, puisque de moi-même je me serais interdit à jamais toute expression passionnée !... J'aime mieux, avec elle, être sévère, *inflexible*, que froid et commun. A ces mots, Eusèbe sourit ; et, me serrant la main : Ah ! dit-il, que le destin est bizarre, et que les convenances sociales sont tyranniques !... Sans ces cruelles convenances, il m'eût été permis de me nommer un beau-frère, pour le bonheur de ma sœur et pour le mien ; ce n'est certainement pas le comte Joseph que j'aurais choisi !...... Eusèbe prononça ces paroles avec un accent si touchant, que j'en fus pénétré jusqu'au fond de l'âme ; je ne pus lui répondre qu'en pressant fortement sa main sur mon cœur. Après un moment de silence, Eusèbe reprenant la parole : Tu sais, dit-il, ce que je pense sur la noblesse, et je croirai toujours que ces *noms illustres*, que ces familles à antiques et glorieuses traditions, sont respectables et méritent des distinctions dans l'état; mais je n'en suis pas moins révolté de voir, en tant d'occasions, le mérite personnel compté pour rien, et le manque de naissance racheté, non par les vertus et les talens, mais uniquement par l'argent. Par exemple : un banquier, dont le père était *porte-balle*, marie sa fille à un grand seigneur; une fille de grande naissance épouse un roturier millionnaire, et le monde approuve ces alliances ; mais, si un homme de la cour connaissait un roturier sans fortune, jeune, aimable, bien élevé, instruit, spirituel, sensible et vertueux, s'il osait lui donner sa fille, après avoir mis à l'épreuve leur inclination mutuelle, il serait universellement accusé d'avoir fait une action pleine de bassesse. Ainsi donc, on ne s'abaisse point en livrant sa fille pour de l'argent ou en la sacrifiant à des vues ambitieuses, et on déroge en la donnant à celui dont on estime le plus les mœurs, les principes, l'esprit et le caractère !... Voilà un odieux préjugé ! Enfin, continua-t-il, mon cher Julien, il faut se résigner aux maux sans remède !... Le plus sage conseil qu'Édélie ait pu vous donner, c'est celui de vous chercher une compagne aimable et de vous marier, et je vais m'en occuper. En attendant, il faut, mon ami, nous arracher de ce pays pendant quelque temps. Je suis trop jeune encore pour prétendre a une ambassade; mais je pense, malgré l'usage contraire, qu'en ceci comme en toute autre chose, l'apprentissage ne peut être qu'utile. Je demanderai et j'obtiendrai une mission subalterne auprès de quelques princes d'Italie ou d'Allemagne; nous partirons ensemble, et le temps, l'éloignement et les affaires nous rendront cette paix intérieure que l'on peut perdre en un moment, et qu'il est si difficile de recouvrer (1)!......

---

(1) Quelques années avant la révolution, un homme de la cour donna le bon exemple de commencer sa carrière diplomatique par une de ces missions qu'on appelait alors *subalternes*, et qu'on ne donnait avant lui qu'à des gens obscurs qui n'avaient que le titre de *chargés d'affaires* ou de consuls; c'étaient presque toujours des gens de mérite, et plusieurs d'entre eux obtinrent, par leurs talens, le titre et la dignité de ministres plénipotentiaires.

## CHAPITRE XVIII.

*Retour de Julien à Paris. — Commencement de sa correspondance avec Edélie. — Preuve touchante d'amitié qu'elle lui donne. — Liaison de Julien avec Tiburce. — Confidence qu'il en reçoit. — Suite de sa correspondance avec Edélie.*

Eusèbe exigea de moi que je ne lui parlerais jamais d'Edélie, quand je n'aurais rien d'indispensable ou un billet à lui montrer. Je murmurai un peu ; je dis qu'il me paraissait dur qu'il me refusât sa confiance et qu'il rejetât la mienne. Il me fit entendre, avec sa douceur accoutumée, qu'on ne se guérit point d'un attachement coupable, quand on se permet d'en parler sans cesse ; mais du moins presque tous nos entretiens roulaient sur les passions malheureuses, et Eusèbe se laissait facilement entraîner par le charme secret qu'il trouvait à ce genre de conversation. Nous ne retournâmes à Paris que peu de jours avant les fêtes de Noël. J'allai aussitôt chez ma mère; je trouvai son mari plus brutal, plus ivrogne, et je m'attendris également sur le sort de ma mère et sur celui de ma petite sœur Casilde : cette enfant était charmante de figure et de caractère; je lui avais donné des leçons de dessin, et, loin d'avoir perdu dans mon absence, elle avait fait beaucoup de progrès en étudiant toute seule; ce qui montrait, à cet âge, des dispositions rares que je me promis bien de cultiver. Je fis le même jour une visite à mon oncle : sa femme était sortie; je restai près de deux heures avec lui, et, sans m'ouvrir entièrement son cœur, il m'en dit assez pour me faire connaître qu'il était enfin éclairé sur les mœurs et sur la conduite de Mathilde; je m'affligeai sincèrement avec lui; je l'aimais, et je n'oubliais dans aucun moment tout ce que je devais à sa bonté. Les peines que nous nous sommes attirées sont les plus douloureuses. Les âmes sèches et dures, qui, dans ce cas, se dispensent de la pitié, feraient haïr la raison, si l'on ne savait pas que la sagesse est fausse, ou du moins sans mérite, quand elle manque d'indulgence et de sensibilité. Ah ! plaignons doublement les maux causés par l'imprudence et la crédulité, puisqu'ils sont les plus cuisans ! Je n'avais pas sans doute le droit de répéter à mon oncle ces phrases désolantes employées si souvent en pareille occasion : *Je vous l'avais bien dit, je vous en avais averti, c'est votre faute, etc.*; mais j'aurais pu lui rappeler avec quelques ménagemens qu'il m'avait sacrifié à cette femme artificieuse, et que j'avais gardé le silence par respect pour lui : je n'en fus pas tenté : tout reproche, quelque fondé, quelque adouci qu'il puisse être, est odieux quand il s'adresse à celui qui a besoin de consolation. Je le quittai le cœur navré de sa situation, et d'autant plus que je prévoyais facilement que chaque jour la rendrait plus pénible.

Cependant j'attendais, ou pour mieux dire, je désirais passionnément une occasion de donner un *avertissement utile* à Édélie, puisque je n'avais que ce seul moyen de me rappeler à son souvenir. J'interrogeai mademoiselle de Versec, qui était toujours très au fait des nouvelles de la famille, et elle me conta que l'on louait la conduite régulière d'Édélie, mais qu'en même temps on trouvait qu'elle montrait beaucoup trop le peu de considération qu'elle avait pour son mari, et qu'elle parlait trop légèrement de sa belle-mère et de son beau-père. Mademoiselle de Versec, dans ses récits, prodiguait les détails ; et, quand j'eus recueilli tous ceux qui m'étaient nécessaires, je me mis à écrire à Édélie. Je composai dix billets, car je n'étais jamais satisfait de ma *sévérité* ; enfin, je m'arrêtai à celui-ci :

« On approuve la sagesse de votre con-
» duite ; mais on blâme la légèreté avec la-
» quelle vous parlez de votre mari et de ses
» parens ; on cite de vous plusieurs mo-
» queries sur eux. La gaîté n'a plus de
» charme surtout dans une femme, quand
» elle blesse le devoir et les bienséances.
» On rit, quand vous vous permettez ces
» écarts, mais on vous désapprouve. Son-
» gez que la considération d'une femme
» dépend presque toute entière de celle de
» son mari, ou de l'estime qu'on lui suppose
» pour lui. Lorsqu'elle en médit, même

» dans les choses les plus frivoles, elle
» lui fait une espèce d'infidélité, car la sain-
» teté de l'engagement lui interdit à cet
» égard toute espèce de plainte et de mo-
» querie. »

Je montrai au vicomte ce galant billet, dont la pédanterie le fit rire; cependant il me loua de l'avoir écrit en *conscience*, et il ajouta que tout ce qu'il contenait était fort raisonnable, et qu'Edélie, en effet, avait besoin d'une telle leçon. Comme je ne voulais pas envoyer cette lettre, dans la crainte qu'elle ne tombât en d'autres mains que celles d'Edélie, je priai le vicomte de s'en charger et de la lui remettre : il me refusa. Je ne repousse point votre confiance, me dit-il, parce que je suis sûr que vous vous conduirez toujours aussi-bien; mais je me suis promis de ne jamais prononcer votre nom à ma sœur. Vous la rencontrerez chez ma mère, et vous irez lui faire une visite au jour de l'an; ainsi, vous lui donnerez vous-même cette lettre. Ce refus m'obligea de garder sur moi trois jours le billet; enfin, un soir, trouvant Edélie chez la marquise d'Inglar, je profitai d'un moment favorable pour lui glisser ce papier sans être aperçu ; elle le saisit avidement ; je m'éloignai aussitôt : un instant après, je sortis du salon. Le lendemain, je reçus, par la petite poste, un billet de son écriture, qui contenait ces mots :

« Je suis contente de vous ; je vous remercie mille fois : continuez. » Cette réponse me transporta; elle me prouvait qu'Édélie persistait à vouloir de moi une franchise parfaite, sans aucun ménagement, et qu'elle me croyait digne de toute sa confiance : de tels sentimens la rendaient à mes yeux une femme incomparable ; car, quelle est celle qui, dans tout l'éclat de la jeunesse, accueille et recherche la vérité dénuée de tout adoucissement.

Au jour de l'an, qui fut deux jours après, j'allai prendre ma petite sœur pour la mener chez sa marraine, la marquise d'Inglar, à laquelle elle présenta une fort jolie tête de son ouvrage. Édélie était déjà chez sa mère ; elle trouva Casilde extrêmement embellie; elle loua à l'excès son talent naissant, et la caressa beaucoup. Le jour suivant, je la menai chez elle; il y avait cinq ou six personnes, et Casilde fut admirée de tout le monde. Édélie la combla de présens. Au moment où je sortais, Édélie me rappela, et me donna un rouleau de musique, en me disant en riant : Voilà la romance que vous m'avez demandée, il y a plus de six mois; je vous la réservais pour vos étrennes. Comme je n'avais point demandé de romance, je compris que le rouleau renfermait une lettre. Lorsque je fus seul dans mon fiacre avec Casilde, j'entrouvris le rouleau, et j'y vis en effet un papier écrit. Je fis croire à Casilde que c'étaient les paroles de la romance, et je lus ce qui suit :

« J'aime Casilde à la folie; si votre mère
» veut me la donner, je me chargerai,
» avec une joie extrême, de son éduca-
» tion, ce qui achèvera de me rendre
» prudente et raisonnable; ainsi, c'est un
» vrai service que je vous demande, et
» avec l'entière approbation du comte Jo-
» seph. »

Ce billet me toucha jusqu'aux larmes; mais avant de faire une démarche auprès de ma mère, je consultai Eusèbe, qui me répondit que, le comte Joseph y consentant, je ne pouvais refuser une proposition aussi avantageuse pour Casilde, qu'il était si désirable de soustraire aux mauvais exemples que lui donnaient continuellement la conduite et la grossièreté de son père.

J'écrivis donc à Édélie, et cette fois ce ne fut que pour la remercier; je tâchai de n'exprimer que de la reconnaissance, et néanmoins le vicomte trouva cette lettre si tendre, qu'il me la fit recommencer. Lorsque je l'eus bien refroidie et bien gâtée, le vicomte m'assura qu'elle était parfaite, et je l'envoyai : alors je négociai cette affaire avec ma mère : elle s'affligea, je pleurai avec elle; mais elle consentit sans hésiter : quant à mon indigne beau-père, il ne vit dans cette séparation que l'avantage d'être débarrassé d'une dépense qu'il reprochait toutes les fois qu'on achetait une aune de toile ou des souliers pour cette enfant : mais voulant profiter du désir que j'avais de procurer à ma sœur une bonne éducation, il me déclara qu'il ne céderait *ses droits de père* qu'à condition qu'on lui donnerait sur-le-champ, argent comptant, mille écus : cette bassesse me causa une telle surprise, que je restai stupéfait, et je ne répondis rien. Il ajouta qu'il n'était pas juste qu'on le séparât de son enfant sans qu'il y gagnât quelque chose : il appelait cela avoir *des entrailles de père*. Il était inutile de disputer avec lui sur cette espèce de tendresse paternelle ; je me contentai de l'assurer que sous peu de jours je lui apporterais mille écus : il me répondit que madame la marquise d'Inglar, *marraine de la petite*, et madame la comtesse de Velmas pouvaient fort bien donner chacune quinze cents francs ; que toute cette famille-là *était si cossue*, que la chose ne ferait pas *le plus petit pli, la somme étant aussi peu conséquente*. Lorsqu'il eut achevé ce noble discours, je pris congé de lui : quand j'eus fait quelques pas pour m'en aller, il me rappela ; c'était pour me signifier que, de plus, il fallait *un trousseau complet* à la petite, parce qu'elle n'était pas assez *bien nippée* pour être tous les jours avec *des dames de haut parage ; que d'ailleurs sa petite défroque*, dès qu'elle quittait la maison, appartenait *de droit à la bonne* (mademoiselle Lise). Je lui dis, avec une profonde consternation, que Casilde aurait un trousseau, et je me hâtai de m'en aller, craignant mortellement qu'il ne me fît encore quelque nouvelle demande. Je rentrai chez moi désolé ; car on imagine bien que je n'eus pas la pensée de communiquer de telles propositions à mes protecteurs. Combien je me repentais de n'avoir pas été plus économe ! Je n'avais dans mon *coffre-fort* que cent cinquante francs !... Je pensai qu'il me serait facile de faire faire le trousseau à crédit ; mais les mille écus où les trouver !... Casilde n'était rien à mon oncle ; il me parut impossible de m'adresser à lui : je mis en gage tout ce que j'avais de plus précieux, ce qui ne produisit que douze cents francs : il m'en fallait encore dix-huit cents. J'eus recours à un usurier, et, au bout de six jours de démarches et de tourmens, je réalisai mille écus !... Alors je m'occupai du trousseau ; je m'adressai à trois lingères, qui me refusèrent tout crédit ; enfin, désespéré, je ne voyais plus de moyens de sortir de cet embarras, lorsque mademoiselle de Versec me fit prier de passer chez elle ; j'y allai. Je suis chargée, me dit-elle, d'une commission pour vous : madame la marquise d'Inglar a voulu faire un joli présent à sa filleule, et voilà le trousseau qu'elle lui donne ; et comme, d'après les ordres que j'ai reçus, il y a beaucoup de choses en pièces, il pourra lui servir jusqu'à quinze ou seize ans. A ces mots, ouvrant une grande manne, elle me montra le plus charmant trousseau, et en outre une quantité de toile, de mousseline et d'étoffes en pièces. J'imaginai à l'instant qu'Eusèbe, sous le nom de sa mère, avait payé au moins les trois quarts de ce beau présent, et je ne me trompais pas. Il reçut mes remercîmens avec cette délicatesse qui donnait tant de prix à tous ses procédés ; et moi, charmé de voir enfin cette affaire terminée, je volais dans la rue des Lombards avec mes mille écus et un habillement complet pour Casilde, car j'avais fait transporter chez Edélie tout ce que j'avais reçu pour elle. Nous habillâmes ma sœur de la tête aux pieds. Mon beau-père comprit dans *sa défroque* tous les petits bijoux que je lui avais donnés depuis cinq ou six ans, et j'eus l'extrême déplaisir de les voir passer dans les avides mains de mademoiselle Lise. On ne laissa à Casilde qu'une petite montre et une chaîne d'or qu'elle tenait de sa marraine. Mon beau-père reçut avec une joie extrême les mille écus; ensuite, après avoir mis son habit des dimanches, il vint, avec ma mère et moi, dans mon fiacre, conduire la triste Casilde chez Edélie, qui la reçut à bras ouverts. Notre visite fut très-courte, car je souffrais cruellement des phrases sentimentales que mon beau-père avait préparées pour cette entrevue. Nous laissâmes Casilde tout en larmes, malgré toutes les caresses d'Edélie, qui lui sut gré d'une douleur que ni les joujoux, ni les belles robes ne purent apaiser pendant plus d'un mois. Je passai toute cette journée chez ma pauvre mère. A l'heure du dîner, on apporta, par mon ordre, trois bouteilles de vin de Sillery et un énorme pâté de foie gras, ce qui fit que mon beau-père m'invita de fort bonne grâce à dîner. J'avais volé dans le trousseau de Casilde une belle pièce de mousseline et sept aunes de satin bleu, dont je fis présent à ma mère, et elle commença à s'applaudir avec moi du bonheur de sa fille. Je ne retournai point chez Edélie; mais le vicomte me donnait de temps en temps des nouvelles de Casilde.

Sur la fin de l'hiver, Tiburce, qui venait souvent me voir, entra un matin dans ma chambre avec un air troublé; je lui demandai ce qu'il avait, et, après quelques discours sans suite, il m'avoua qu'il était amoureux à perdre la tête. Comme il n'avait que dix-huit ans, je voulus plaisanter sur cette passion subite, il me dit qu'il aimait le même objet depuis l'âge de quatorze ans, et c'était la marquise de Palmis. Comment! m'écriai-je, la femme de votre oncle, du frère de votre père! Y pensez-vous? — Oui, assurément, car je ne *pense* qu'à cela. — Mais vraiment, tant pis, mon cher Tiburce; c'est un égarement inexcusable. — Mon oncle, blasé sur tout, indifférent à tout, usé comme un vieillard, inconstant comme un jeune étourdi, excédé du monde comme un misanthrope, est tout-à-fait insensible au bonheur d'être uni à la plus belle femme de l'Europe : il n'est dans ce moment-ci qu'un *curieux*, non pas de savoir ce que je pense et ce que fait sa femme, mais de rassembler dans un cabinet toutes les porcelaines *craquelées*, tous les chats bleus et violets de la Chine. — Sérieusement, mon cher Tiburce, il faut vous guérir d'une passion aussi extravagante que criminelle... — On ne désire guérir que lorsqu'on souffre...... — Quoi donc! êtes-vous aimé? — Non, mais je le serai; j'ai du temps devant moi, je puis attendre. — Savez-vous qu'on ne peut pas vous parler raison... — Renoncez-y donc. Je vous le répète, j'ai la tête tournée... — Et le sait-elle? — Je le lui exprime de mille manières depuis trois mois: quand elle en rit, je prends un ton tragique; quand elle se fâche, je lui dis des folies qui lui font perdre son sérieux : nous en sommes là. Elle a d'elle-même congédié poliment le comte Joseph, et je viens de l'engager à se débarrasser de cet imbécile de Solmire, ce qu'elle n'a pu faire qu'à force d'impertinences. — Tans pis, il est méchant, et deviendra son ennemi. — Tant mieux, je la vengerai. Ce mot me fit sentir combien il est dangereux, pour une femme attachée à sa réputation, de ne pas réprimer avec sévérité, dès sa naissance, la passion d'un jeune homme de cet âge. Je prévis de ce moment que Tiburce, en dépit de mes sermons et de mes conseils, compromettrait cruellement la marquise, et l'événement ne justifia que trop mes craintes à cet égard : en effet, le marquis de Solmire dit confidentiellement à quelques personnes, qu'il était certain que madame de Palmis avait pour amant le jeune Tiburce, et cette calomnie commença à circuler sourdement et à se répandre. Cependant il parut si étrange qu'une femme de vingt et un ans, dans le grand monde depuis quatre, et jusqu'alors irréprochable, prît pour amant un enfant de dix-huit ans, neveu de son mari, que d'abord cette histoire ne fut regardée que comme une fable absurde, mais du moins elle servit à faire observer curieusement la marquise et Tiburce, lorsqu'ils étaient ensemble. L'incrédulité pour le mal n'est jamais bien ferme dans le monde; le plus léger incident suffit pour l'ébranler, et même pour la détruire.

J'allais quelquefois chez un fermier général, nommé Mondor, dont les soupers étaient fort agréables par le goût éclairé du maître et de la maîtresse de la maison pour la musique et les talens. Ils recevaient la meilleure compagnie : la marquise de Palmis y venait souvent ; elle y jouait des proverbes, et c'était avec une telle supériorité que bientôt les autres dames de la société ne voulurent plus jouer avec elle; et, comme elle trouva ridicule de jouer seule de femme avec des hommes, elle imagina d'amener dans cette maison Edélie, à qui elle avait persuadé qu'elle avoit un talent charmant dans ce genre, ce qui n'était nullement. Je me trouvai par hasard à ce début d'Edélie, et j'y souffris beaucoup : elle jouait mal et avec confiance ; elle portait dans ces petites scènes la prétention des qualités naturelles qu'elle se connaissait, et qui avaient tant de charme dans le monde, parce que là elle n'y pensait pas; mais, en jouant les proverbes, elle les outrait pour les rendre plus brillantes : alors ses saillies manquaient de mesure et de grâce, sa vivacité était affectée et fatigante. La perfection du jeu de madame de Palmis, sa finesse piquante, son dialogue toujours spirituel et naturel, me causèrent intérieurement un véritable dépit. Edélie était presque ridicule à côté d'elle, et, loin de s'en douter, elle croyait partager tous ses succès. J'étais placé près d'un groupe de femmes, qui tout bas se moquaient d'elle, et j'entendais tout ce qu'elles disaient. Après les proverbes, deux ou trois amis de madame Palmis, engagés secrètement par elle à complimenter Edélie, vinrent lui dire qu'elle avait joué comme un ange : elle fut complétement la dupe de ces flatteries, ce qui acheva de porter au comble ma mauvaise humeur. Tiburce jouait dans ces proverbes, et avec une grâce infinie : il était facile de remarquer à quel point il était amoureux de la marquise : cette dernière avait l'air de le regarder comme un enfant; mais on voyait qu'elle trouvait cet enfant bien joli et bien aimable.

En rentrant chez moi, je pensai que c'était là l'occasion de donner à Edélie un avis utile, et je lui écrivis ce billet :

« Vous êtes la dupe du perfide amour-
» propre de madame de Palmis, qui veut
» avoir une compagne pour jouer des
» proverbes. Elle possède au suprême de-
» gré de perfection ce petit talent que
» vous n'avez pas ; les femmes, qui vous
» envient d'ailleurs, critiquent amèrement
» en vous une prétention qui n'est pas
» fondée. Cessez donc d'avoir une com-
» plaisance mal placée, et qui, de toutes
» manières, n'est pas sans inconvénient. »

Eusèbe approuva fort cet avertissement, et il me dit, en souriant, qu'il était curieux de voir la réponse. Je la reçus le jour même où j'envoyai ma lettre. La voici :

« Dans tout ce qui a rapport à la mo-
» rale, j'ai toute confiance en vous; mais
» vous n'avez pas assez d'usage du monde
» pour connaître ce qui est *déplacé* ou

non. Je ne vous avais pas prié de m'a-
» vertir de *mes ridicules*, et je vous avoue
» que je ne crois pas en avoir en jouant
» des proverbes; des gens qui ont, à cet
» égard, un goût plus formé que le vôtre,
» m'assurent que je n'ai à craindre, dans
» ce genre, ni comparaison ni rivalité.
» Mais, puisque nous en sommes aux
» avis frivoles de cette espèce, je veux
» vous en donner un; on se moque de
» la manière, souvent comique, dont vous
» imitez le ton, le maintien de mon frère,
» et jusqu'au son de sa voix. Bornez-
» vous à l'imiter dans sa conduite et ses
» vertus; *contrefaire* de bonne foi et sans
» moquerie, est aux yeux du monde un
» véritable ridicule, et on vous le trouve
» généralement. »

Cette réponse, dans laquelle se marquaient si clairement l'aigreur et le dépit, ne surprit point Eusèbe, mais elle me confondit, et rien ne m'a mieux appris à connaître les femmes en général. Il en est beaucoup qui reçoivent parfaitement les avis les plus sévères sur leur caractère et sur leur conduite, mais qu'il en est peu qui puissent supporter un conseil qui, en déjouant une de leurs prétentions, blesse leur vanité! Nous rîmes ensemble, Eusèbe et moi, de l'*avertissement* que me donnait Édélie; c'était une petite vengeance, car elle s'était flattée d'humilier mon amour-propre; elle se trompait, j'aimais tant Eusèbe, que je fus charmé que l'on pût penser que je voulais le prendre pour modèle.

FIN DU PREMIER VOLUME.

www.ingramcontent.com/pod-product-compliance
Lightning Source LLC
Chambersburg PA
CBHW060654170426
43199CB00012B/1789